LIBRERIA
EDITRICE
VATICANA

Organizado pelo
Dicastério para a Comunicação

Tradução oficial dos textos do
Magistério pela Santa Sé
[adaptação ao português do Brasil: Tiago José Risi Leme]

Papa Francisco

Por que sois tão medrosos? Ainda não tendes fé?

Statio Orbis

27 de março de 2020

Momento extraordinário de oração em tempo de pandemia

presidido pelo Papa Francisco

Adro da Basílica de São Pedro

Sexta-feira, 27 de março de 2020, 18h

Naquele dia, ao cair da tarde, Jesus disse
aos discípulos: "Passemos à outra margem!"
E, despedindo a multidão, levaram-no
consigo no barco, assim como estava.
Outros barcos o acompanhavam. Surgiu, então,
uma tempestade bem forte, que lançava as
ondas dentro do barco, que se enchia de
água. Jesus estava na parte de trás, dormindo
sobre o travesseiro. Os discípulos o
acordaram e disseram lhe. "Mestre,
não te importa que pereçamos?"
E ele, despertando,
repreendeu o vento e disse ao mar:
"Silêncio! Cala-te!" O vento parou, e fez-se
grande calmaria. Então Jesus lhes disse:
"Por que sois tão medrosos? Ainda não
tendes fé?" E, tomados de grande temor,
diziam uns para os outros: "Quem é este,
que até o vento e o mar lhe obedecem?"

(Mc 4,35-41)

"Há semanas em que parece que caiu a noite. Densas trevas cobriram nossas praças, ruas e cidades; apoderaram-se de nossas vidas, enchendo tudo de um silêncio ensurdecedor e de um vazio desolador, que paralisa tudo à sua passagem: pressente-se no ar, nota-se nos gestos, dizem-no os olhares."

As mãos sobre o leme da história
Prefácio

"Nada no mundo é mais forte do que o justo que reza.

O homem que reza tem o leme da história em suas mãos." São palavras de São João Crisóstomo, bispo e doutor da Igreja entre os séculos IV e V. Naquele tempo, atribulado e difícil, sob tantos pontos de vista, o grande pastor ensinava que a verdadeira força na vida do mundo é o coração orante: o leme da história está nas mãos daqueles que sabem dirigir o olhar para o Senhor, com profunda fé e grande humildade. Qual dos tempos, na sucessão dos eventos do mundo, pode ser chamado de fácil? Talvez nenhum. Certamente não foi nos primeiros meses de 2020, quando uma pandemia imprevisível atingiu quase toda a humanidade. Naqueles dias, precisamente no final da tarde de sexta-feira, 27 de março, o Santo Padre Francisco repetiu, com palavras e gestos, a profunda convicção do antigo bispo e doutor: "O homem que reza tem o leme da história em suas mãos".

Por essa razão, ele convocou a Igreja e, em certo sentido, o mundo inteiro, pedindo-lhes que levantassem os olhos, todos juntos, para o Senhor do tempo e da história. Antes de tudo, para considerar do alto de sua Palavra os misteriosos caminhos da existência, encontrando neles um significado e uma graça oculta. Depois, para implorar socorro e misericórdia num momento de grande aflição humana, material e espiritual. Por fim, para abençoar o caminho de toda a humanidade, inspirado na lógica da civilização do amor.

"O homem que reza tem o leme da história em suas mãos." Aprendemos todos novamente quando vimos o Santo Padre subir a grande escadaria da praça São Pedro, molhado pela chuva, como um homem orante que sobe na direção de Deus, para estar diante dele com confiança, como guia de um grande povo e fiel intercessor. Também o aprendemos ao escutar a Palavra de Verdade e de Vida do Evangelho, e no silêncio com o qual essa Palavra se tornou Luz em nossas muitas trevas. E mais uma vez o aprendemos ao olharmos com emoção o Crucifixo milagroso de São Marcelo al Corso e o ícone de Nossa Senhora *Salus Populi Romani*: imagens eloquentes e sugestivas de uma salvação dada por Aquele que morreu e ressuscitou por nós e por um cuidado materno que se dobra com doçura sobre toda dor humana. Por fim, aprendemos na adoração eucarística e na grande bênção *Urbi et Orbi*, quando o Salvador do mundo alcançou toda a humanidade com uma carícia de amor, capaz de redimir, consolar e dar esperança.

A praça São Pedro, naquele final de tarde, estava vazia, deserta. Incrivelmente deserta. E mais silenciosa do que nunca. No entanto, ali mesmo, o mundo inteiro se reuniu, convocado por um homem vestido de branco que, mais uma vez, a todos sem exceção, repetiu com palavras fortes e persuasivas, com o humilde poder das imagens: "O homem que reza tem o leme da história em suas mãos". E o reafirmou também ao deixar o lugar do grande encontro de oração, em silêncio e sozinho. Quase como se dissesse a si mesmo e a todos, como o salmista: "Levanto meus olhos para os montes: de onde virá o meu socorro? Meu socorro vem do Senhor, que fez o céu e a terra" [Sl 121(120),1s.].

Mons. Guido Marini

Mestre das Celebrações Litúrgicas

I Parte

A *Statio Orbis*

Introdução

Parte I

O que ocorreu no dia 27 de março na praça São Pedro?

Ocorreu uma coisa simples e grandiosa. Um momento extraordinário de oração uniu o mundo. As imagens eram poderosas, dramáticas. Muitos se perguntavam sobre o que viram. Mas o importante era invisível aos olhos.

Muitos procuraram na forma uma resposta que, no final, não encontraram. Na verdade, nunca entenderemos o poder daquele momento utilizando os tradicionais instrumentos de análise. Seria como pensar em entender uma poesia com as regras da métrica.

Vivemos em um tempo que pode nos cegar. Um tempo de olhares curtos e míopes, incapazes de ver o essencial das coisas: a dor transfigurada do mundo, a redescoberta da própria fragilidade, a necessidade de olhar além, e de recorrer a Deus.

Não há respostas para perguntas mal colocadas. Por isso, é necessário deslocar o foco da questão. De onde vem a necessidade de rezar? Onde está a extraordinariedade daquele 27 de março? Na liturgia? Em sua cobertura televisiva? Ou na verdade que o rito representou?

Semanas antes, parecia ter caído uma noite sem perspectivas de amanhecer. Semanas antes, o mundo olhava para Roma, para o Papa, para encontrar em suas palavras uma resposta que não fosse apenas a contagem das vítimas. Semanas antes, Francisco tinha aberto as portas da pequena capela de Santa Marta ao mundo inteiro, para que rezassem com ele durante a missa e ouvissem seu comentário sobre as leituras. Semanas antes, ele se perguntava como acompanhar esta travessia no deserto com atos simbólicos capazes de iluminá-la: a peregrinação solitária na Via del Corso para visitar o milagroso Crucifixo; a oração à *Salus Popoli Romani*; a recitação do Pai-nosso por todos os cristãos no dia em que muitas Igrejas recordam o anúncio à Virgem Maria da Encarnação do Verbo. Assim, tomou forma a ideia de um momento extraordinário de oração.

O primeiro a falar publicamente sobre essa oração foi o capelão do presídio "Due Palazzi" de Pádua, padre Marco Pozza, em uma transmissão de TV da Conferência Episcopal Italiana na Rai1, o principal canal de televisão italiano.

Suas palavras foram: "Eu sou o último sacerdote do planeta. Vivo dentro de uma prisão com pessoas que faliram na vida. Peço ao Papa Francisco um gesto forte... Uma *Statio Orbis*, que às vezes é feita. Peço-lhe que escolha o dia, a hora, a modalidade. Talvez sozinho na praça São Pedro, ou dentro da Basílica [...] para que faça a Deus uma oração de libertação, uma missa, alguma coisa... Peço-lhe, Papa Francisco, que faça um gesto planetário. Peça à Igreja que pare, peça ao mundo inteiro que fique ao seu lado. [...] O senhor tem o poder da palavra, tem o poder do símbolo. Faça-nos compreender que Cristo está presente neste momento, dizendo-nos algo. O senhor é a ponte para nós... Não nos deixe sozinhos".[1]

No mesmo dia, em seu blog, padre Marco escreveu:

"Papa Francisco, esta noite sonhei com o senhor: era de uma evidência clara. E, ao seu lado, brilhava a lâmpada de Maria. Eu o vi saindo, com passos suaves, da casa Santa Marta. *Ave Maria, gratia plena, Dominus tecum*, o senhor repetia com seu inimitável sotaque argentino. Ela, que ia a sua frente, escancarava as portas: todas eram blindadas. O senhor foi com ela até a praça São Pedro, aos pés daquele obelisco que, para mim, sempre me pareceu um indicador apontando para o Alto. A praça estava vazia, deserta, insolitamente em estado de sítio. E lá, no meio, o senhor se ajoelhou no chão. Ficou lá por muito tempo, em silêncio, de mãos unidas, com aquele traço místico que encontro no senhor quando reza. O senhor estava lá, enquanto o mundo inteiro – dentro de casa – o seguia. Milhões de câmeras apontadas para seu rosto, o rosto de Pedro, e todos os jornalistas silenciosos, surpresos e mudos. O mundo, ao saber que o senhor estava na praça, parou para olhar. E, ao olhar para o senhor, todos olhavam para Ele. O senhor ali, de joelhos, era uma ponte: chamam-no *Pontífice*, não por acaso. Pontífice-máximo: portanto, muito mais que a ponte de Brooklyn ou a que será construída em Gênova. O senhor é a Ponte-de-Deus. E dali, enquanto rezava, vi Maria com a mão em sua cabeça. É o gesto que muitas avós, no norte da Itália, fazem com seus netos antes de saírem de casa: 'Que Nossa Senhora tenha a mão em sua cabeça', dizem. Como para dizer: 'Vá e volte, estou esperando por você!'. Deus, lá em cima, nunca pareceu tão próximo do senhor. O senhor se lembra de quando, num momento difícil, me falou daquela página do Deuteronômio de que tanto gosta: *'Com efeito, que grande nação tem deuses tão próximos como o Senhor, nosso Deus, sempre que o invocamos?'* (Dt 4,7) Moisés, na primeira leitura de hoje, bateu na rocha e a água jorrou, dissipando todas as dúvidas. [...] Aqui estamos em guerra. Seremos salvos pelo contato direto com Deus, não mais pelo *streaming*. Não é mais suficiente: precisamos do senhor, com seu equipamento de Pontífice e Bombeiro. Certamente não sou eu a sugerir o que fazer: a inspiração é garantida por Deus para o senhor. Um Deus que, mais de uma vez, confia à débil voz dos sonhos as suas cartas.... Aos que perguntam: 'Onde está o Papa?', o senhor responde com sua presença: o senhor é a 'ponte' entre o céu e a terra, uma terra que definha – é o mundo evoluído que definha – enquanto o senhor, que veio do Sul do mundo, nos mostra que esta prova está marcando em nossa carne o que significa a dor dos povos que vêm sofrendo há séculos. Esta terra doente deve levantar seus olhos para os céus e acreditar que só precisa de Deus, e converter-se a Deus! Uma *Statio Orbis*, Papa Francisco, nada menos que isso. Uma *Statio Orbis* planetária. O senhor, sozinho, *na praça São Pedro*, enquanto todo o mundo está deserto e os homens estão todos fechados em suas casas, com medo do contágio! Com medo de serem eles mesmos causa de contágio: contagiosos e vítimas, ao mesmo tempo. Levante sua voz, sua oração, sua intercessão: implore a Deus que venha em nosso auxílio! A provação deste contágio está abrindo os corações, as mentes de muitos para Deus. O senhor é o '*maior*' homem da terra: o Vigário de Cristo. *Pare o mundo, a Igreja inteira, para que o mundo possa elevar a mente e o coração a Deus!* Suplico-lhe, Papa. Apresse-se! O senhor tem o melhor equipamento para apagar este incêndio".[2]

"Uma *Statio Orbis* – escreveu padre Marco uma semana depois – não é uma teologia da fantasia, muito menos uma proposta caprichosa daqueles que, para elevar o nível, propõem o impensável. [...] A forma não é a formalidade, é uma antecipação do conteúdo, um prelúdio do que está escondido. É a própria vestimenta do Mistério. Na figura de Pedro, o ápice da palavra convive com o máximo do gesto: a palavra e o gesto. Quando Pedro faz um gesto, o mesmo gesto que eu também poderia fazer, o gesto tem um valor completamente diferente: a figura o faz aumentar dez vezes o seu poder. O mesmo se aplica à palavra: o falar humano é, em um instante, (des)humano se pronunciado por Pedro. Portanto, não nos dirigimos a Pedro com palavras que antes não tenham sido rezadas, ajoelhadas, ponderadas, pesadas. Uma teologia de joelhos é a única teologia possível. Por que, então, uma *Statio Orbis* que desafie todo o planeta? Porque, no meio de uma corrida desenfreada, há a necessidade de parar: 'Por que você corre se não sabe aonde ir?', li na parede de uma estação ferroviária. [...] Uma *Statio Orbis* é uma parada: lembram-se da antiga estação ferroviária? Imaginem assim: pede-se para o trem parar por um momento, para parar na estação de São Pedro, para se ligar com Cristo. Não é uma perda de tempo, é ganhar tempo: uma parada, na flutuação da história, 'para fazer um balanço do caminho já feito e renovar as forças na direção de metas futuras da história e do tempo. Nessa parada, o mundo cristão inteiro está simbolicamente envolvido e presente'.[3] Como quando acontece de a Igreja fazer uma *Statio Orbis* diante da Eucaristia: 'o mundo para' diante de um pequeno fragmento de Pão, que para os cristãos é Cristo (e Cristo é Deus), porque só Nele podemos ser salvos... Mais ou menos da mesma forma, imagino um homem, Pedro, pedindo para 'parar o mundo' diante de Cristo, para que o mundo creia que somente em Deus somos salvos. O que posso dizer a vocês? É como pedir a humildade do mundo que faz tanta falta, aquele 'eu não preciso de Deus' que está se tornando a forma moderna de ateísmo."[4]

Apresentei as palavras do padre Marco na íntegra, porque elas explicam bem o início, a origem, o Espírito, com E maiúsculo, que moveu a ideia que o Papa assumiu. Se esse foi o prólogo, o desenvolvimento (filmado pelas câmeras e fotógrafos do Vatican Media) foi concebido pelo mestre das cerimônias pontifícias, monsenhor Guido Marini.

A direção televisiva foi sóbria, essencial.[5] Seis câmeras para contar o vazio da praça e a oração do Papa. Sua chegada. Sua caminhada na chuva. O crucifixo que parece chorar. As nuvens no céu. Os vislumbres da luz. O Papa rezando. O som das sirenes quebrando o silêncio. O mundo inteiro observando. Os operadores de câmera, e os fotógrafos invisíveis. Eis novamente o tema da invisibilidade. Creio que poderíamos falar horas a fio sobre o nascimento da ideia, a direção, a luz, a fotografia; por que foi escolhida a praça, e não a Basílica; por que o Papa fez tudo a pé; sobre a relação entre a praça vazia e as centenas de milhões de pessoas reunidas em oração, sobre o silêncio e as palavras... Mas correríamos o risco de perder o sentido do que ocorreu; o risco de pensar que, para a Igreja, a comunicação tem as mesmas regras do cinema, da televisão, do teatro, dos espetáculos. Mas, dessa forma – advertiu o Papa Francisco – "acabamos domesticando Cristo". Assim, não se dá mais testemunho do que se faz por Cristo, mas se fala em nome de certa ideia de Cristo. Uma ideia possuída e domesticada pelos que organizam as coisas e se tornam pequenos empresários.[6]

A verdade é que 27 de março foi um momento misterioso e poderoso do *kairós* em torno de uma oração simples.

Como Francisco afirmou sobre Pedro e os apóstolos: "O protagonista dos Atos dos Apóstolos não são os apóstolos. O protagonista é o Espírito Santo. Os apóstolos são os primeiros a reconhecê-lo e a atestá-lo. [...] A experiência dos apóstolos é como um paradigma que se aplica para sempre. Basta pensar em como as coisas, nos Atos dos Apóstolos, acontecem gratuitamente, sem forçar. É uma vicissitude, uma história de homens na qual os discípulos chegam sempre em segundo lugar, sempre atrás do Espírito Santo que age. Ele prepara e trabalha os corações. Ele perturba seus planos. É Ele quem os acompanha, os guia e os consola em todas as circunstâncias em que eles se encontram. [...] É inútil se preocupar. Não precisamos nos organizar, não precisamos gritar. Não precisamos de nenhum truque ou estratagema. Só precisamos pedir para poder repetir hoje a experiência que nos faz dizer 'nós decidimos, o Espírito Santo e nós' [...] Sem o Espírito, querer fazer a missão se torna outra coisa. [...] Os que querem ser protagonistas ou empresários da missão, com todas as suas boas intenções e suas declarações de intenções, muitas vezes acabam não atraindo ninguém. A missão não é [...] um espetáculo organizado para contar quantas pessoas participam graças à nossa propaganda. O Espírito Santo age como quer, quando quer e onde quer".[7]

A extraordinariedade de 27 de março reside precisamente nisso. Sua capacidade de comunicação nasce da verdade. O Papa estava sozinho, como cada um de nós. Todos sozinhos diante de Deus. Todos unidos diante de Deus. Todos frágeis e nas suas mãos. Em uma das homilias em Santa Marta, o Papa Francisco disse que "o Senhor consola sempre na *proximidade*, com a *verdade* e na *esperança*". "Na *proximidade*, nunca distante: 'estou aqui'. Que bonita expressão: 'Estou aqui'. 'Estou aqui, convosco'. E muitas vezes em silêncio. Mas sabemos que Ele está presente. Ele está sempre presente. A proximidade que é o estilo de Deus, também na Encarnação, significa que Ele está próximo de nós. O Senhor consola na proximidade. E não usa palavras vazias; aliás, prefere o silêncio. A força da proximidade, da presença. Fala pouco, mas está próximo".[8]

A palavra sempre precisa do silêncio. E o silêncio só é eloquente quando ecoa a palavra. Assim foi em 27 de março. Aquele silêncio, como disse o Papa, nos perguntava: "*Por que sois tão medrosos? Ainda não tendes fé?*". Aquele silêncio era um apelo à fé. Um apelo urgente: "Convertei-vos", "convertei-vos a mim de todo o coração" (Jl 2,12). Aquele silêncio nos chamou "a aproveitar este tempo de prova como *um tempo de decisão*". Naquele silêncio ressoaram as palavras de Francisco: "Não é o tempo do teu juízo, mas do nosso juízo: o tempo de decidir o que conta e o que passa, de separar o que é necessário daquilo que não o é. É o tempo de reajustar a rota da vida rumo a Ti, Senhor, e aos outros".

Paolo Ruffini

Prefeito do Dicastério da Comunicação

[1] MARCO POZZA, "A Sua Immagine", RaiPlay, 15 de março de 2020, disponível em: <https://www.youtube.com/watch?v=v92a4NXWYAw>.

[2] MARCO POZZA, Papa(') Francesco, in ginocchio: "Intervieni tu, fai presto"!, 15 de março de 2020, disponível em: <https://www.sullastradadiemmaus.it/sezioni-del-sito/ approfondimenti/3386-papa-francesco-inginocchio- intervieni-tu-fai-presto>.

[3] GIOVANNI MARCHESI, *Civiltà Cattolica*, 2000, q. 3607, p. 173.

[4] MARCO POZZA, "Il Papa annuncia la 'Statio orbis' per il globo che vorrà", 22 de março de 2020, https://www.sullastradadiemmaus.it/sezioni-del-sito/approfondimenti/3396-il-papa-annuncia la- statio orbis-per-il-globo-che-vorra

[5] Cf. DARIO EDOARDO VIGANÒ, "Francesco: scena e drammatica dell'amore", Settimana News 19-04-2020, http://www.settimananews.it/papa/francesco-scena-drammatica-amore/

[6] PAPA FRANCISCO, *Senza di Lui non possiamo far nulla*, Città del Vaticano, LEV, 5 de novembro de 2019, p. 15-16.

[7] Cf. *Senza di Lui non possiamo fare nulla*, p. 21-30.

[8] PAPA FRANCISCO, Homilia na capela da casa Santa Marta, 8 de maio de 2020, disponível em: <http://www.vatican.va/content/francesco/pt/cotidie/2020/documents/papa-francesco-cotidie_20200508_lavicinanzalostile-didio.html>.

Meditação do Santo Padre

Adro da Basílica de São Pedro,
27 de março de 2020

"ao cair da tarde (...)" (Mc 4,35)

Assim começa o Evangelho, que ouvimos.

Há semanas que parece que caiu a noite.

Densas trevas cobriram nossas praças, ruas e cidades; apoderaram-
-se de nossas vidas, enchendo tudo de um silêncio ensurdecedor e
um vazio desolador, que paralisa tudo à sua passagem:
pressente-se no ar, nota-se nos gestos, dizem-no os olhares.
Revemo-nos temerosos e perdidos.

À semelhança dos discípulos do Evangelho, fomos surpreendidos por uma tempestade inesperada e furibunda.

Demo-nos conta de estar no mesmo barco, todos frágeis e desorientados, mas ao mesmo tempo importantes e necessários: todos chamados a remar juntos, todos carentes de mútuo encorajamento.

E, neste barco, estamos todos.

Tal como os discípulos que, falando a uma só voz, dizem angustiados "vamos perecer" (cf. Mc 4,38), assim também nós nos damos conta de que não podemos prosseguir cada qual por conta própria, mas só o conseguiremos juntos.

Identificar-nos nesse relato é fácil.

Difícil é entender o comportamento de Jesus.

Enquanto os discípulos naturalmente se sentem alarmados e desesperados, Ele está na popa, na parte do barco que afunda primeiro...

E o que faz?

Apesar da tempestade, dorme tranquilamente, confiando no Pai (é a única vez no Evangelho que vemos Jesus dormindo).

Acordam-no; mas, depois de acalmar o vento e as águas, Ele se dirige aos discípulos em tom de censura: "Por que sois tão medrosos? Ainda não tendes fé?" (Mc 4,40).

Procuremos compreender.

Em que consiste essa falta de fé dos discípulos,
que se contrapõe à confiança de Jesus?

Não é que deixaram de crer nele, pois o invocam.

Mas vejamos como o invocam: "Mestre, não te importa
que pereçamos?" (Mc 4,38).

Não te importa: pensam que Jesus se desinteressou deles,
não cuida deles.

Entre nós, em nossas famílias, uma das coisas que mais dói é
ouvirmos dizer: "Você não se importa comigo".

É uma frase que fere e desencadeia turbulência no coração.

Terá abalado também Jesus, pois não há ninguém que se
importa mais conosco do que Ele.

De fato, tendo sido invocado, salva seus discípulos
desalentados.

A tempestade desmascara nossa vulnerabilidade e deixa
a descoberto as falsas e supérfluas seguranças com que
construímos nossos programas, nossos projetos, nossos
hábitos e prioridades.

Mostra-nos como deixamos adormecido e abandonado aquilo que nutre, sustenta e dá força a nossa vida e a nossa comunidade.

A tempestade põe a descoberto todos os propósitos de "empacotar" e esquecer o que alimentou a alma de nossos povos; todas as tentativas de anestesiar com hábitos aparentemente "salvadores", incapazes de fazer apelo a nossas raízes e de evocar a memória de nossos idosos, privando-nos, assim, da imunidade necessária para enfrentar as adversidades.

Com a tempestade, caiu o disfarce dos estereótipos com que mascaramos nosso "eu", sempre preocupado com a própria imagem; e ficou a descoberto, uma vez mais, aquela (abençoada) pertença comum a que não podemos nos subtrair: a pertença como irmãos.

"Por que sois tão medrosos? Ainda não tendes fé?"

Nesta tarde, Senhor, tua Palavra atinge e toca-nos a todos.

Neste nosso mundo, que Tu amas mais do que nós, avançamos a toda velocidade, sentindo-nos em tudo fortes e capazes.

Em nossa avidez de lucro, deixamo-nos absorver pelas coisas e transtornar pela pressa.

Não nos detivemos perante os teus apelos, não despertamos diante de guerras e injustiças planetárias, não ouvimos o grito dos pobres e de nosso planeta gravemente enfermo.

Avançamos, destemidos, pensando que continuaríamos sempre saudáveis num mundo doente.

"Por que sois tão medrosos? Ainda não tendes fé?"

Agora nós, encontrando-nos em mar agitado,
te imploramos: "Acorda, Senhor!".

Senhor, lanças-nos um apelo, um apelo à fé. Esta não é tanto
acreditar que Tu existes, mas sobretudo vir a Ti
e confiar em Ti.

Nesta Quaresma, ressoa teu apelo urgente: "Convertei-
-vos…", "voltai a mim de todo o vosso coração" (Jl 2,12).

Tu nos chamas a aproveitar este tempo de prova
como um *tempo de decisão*.

Não é o tempo do teu juízo, mas do nosso juízo:
o tempo de decidir o que conta e o que passa, de separar
o que é necessário daquilo que não o é.

É o tempo de reajustar a rota da vida rumo a Ti, Senhor,
e aos outros.

E podemos ver tantos companheiros de viagem exemplares,
que, no medo, reagiram oferecendo a própria vida.

É a força operante do Espírito, derramada e plasmada em entregas corajosas e generosas. É a vida do Espírito, capaz de resgatar, valorizar e mostrar como nossas vidas são tecidas e sustentadas por pessoas comuns (habitualmente esquecidas), que não aparecem nas manchetes dos jornais e revistas, nem nos grandes palcos do último espetáculo, mas que hoje estão, sem dúvida, escrevendo os acontecimentos decisivos de nossa história: médicos, enfermeiros e enfermeiras, trabalhadores dos supermercados, pessoal da limpeza, cuidadores, transportadores, forças policiais, voluntários, sacerdotes, religiosas e muitos – mas muitos – outros, que compreenderam que ninguém se salva sozinho.

Perante o sofrimento, onde se mede o verdadeiro desenvolvimento dos nossos povos, descobrimos e experimentamos a oração sacerdotal de Jesus: "Que todos sejam um" (Jo 17,21).

Quantas pessoas, todos os dias, exercitam a paciência e infundem esperança, tendo o cuidado de não semear pânico, mas corresponsabilidade! Quantos pais, mães, avôs e avós, professores mostram às nossas crianças, com pequenos gestos do dia a dia, como enfrentar e atravessar uma crise, readaptando hábitos, levantando o olhar e estimulando a oração! Quantas pessoas rezam, se imolam e intercedem pelo bem de todos! A oração e o serviço silencioso: são as nossas armas vencedoras.

"Por que sois tão medrosos? Ainda não tendes fé?"

O início da fé é reconhecer-se necessitado de salvação.

Não somos autossuficientes; sozinhos, afundamos: precisamos do Senhor como os antigos navegadores, das estrelas. Convidemos Jesus a subir para o barco de nossa vida.

Confiemos-lhe nossos medos, para que Ele os vença.

Com Ele a bordo, experimentaremos – como os discípulos – que não há naufrágio.

Porque esta é a força de Deus: transformar em bem tudo o que nos acontece, mesmo as coisas ruins. Ele serena as nossas tempestades, porque, com Deus, a vida não morre jamais.

O Senhor nos interpela e, no meio de nossa tempestade, convida-nos a despertar e a ativar a solidariedade e a esperança, capazes de dar solidez, apoio e significado a estas horas em que tudo parece naufragar.

O Senhor desperta, para acordar e reanimar nossa fé pascal.

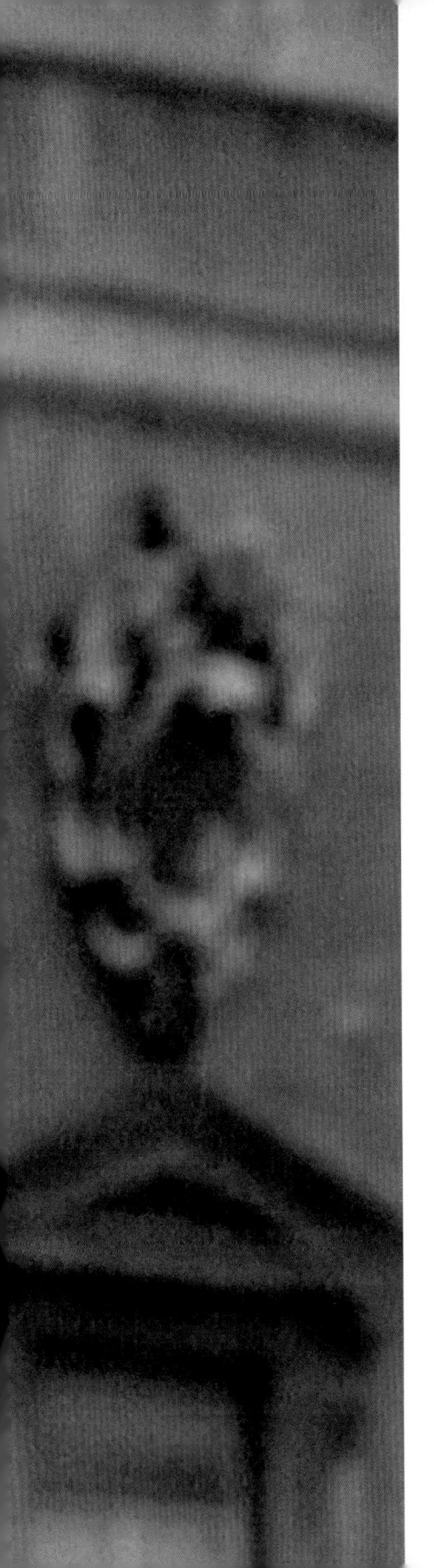

Temos uma âncora: em sua cruz, fomos salvos.

Temos um leme: em sua cruz, fomos resgatados.

Temos uma esperança: em sua cruz, fomos curados e
abraçados, para que nada e ninguém nos separe
de seu amor redentor.

No meio deste isolamento que nos faz padecer a limitação
de afetos e encontros, e experimentar a falta de tantas coisas,
ouçamos mais uma vez o anúncio que nos salva:
Ele ressuscitou e vive ao nosso lado.

De sua cruz, o Senhor nos desafia a encontrar a vida que nos
espera, a olhar para aqueles que nos interpelam, a reforçar,
reconhecer e incentivar a graça que mora em nós.
Não apaguemos a mecha que ainda fumega (cf. Is 42,3),
que nunca adoece, e deixemos que reacenda a esperança.

Abraçar sua cruz significa encontrar a coragem de abraçar
todas as contrariedades da hora atual, abandonando, por
um momento, nossa ânsia de onipotência e posse, para dar
espaço à criatividade que só o Espírito é capaz de suscitar.

Significa encontrar a coragem de abrir espaços onde todos
possam sentir-se chamados e permitir novas formas de
hospitalidade, de fraternidade e de solidariedade.

Em sua cruz, fomos salvos para acolher a esperança e
deixar que seja ela a fortalecer e sustentar todas as medidas
e estradas que nos possam ajudar a salvaguardar-nos e a
salvaguardar. Abraçar o Senhor, para abraçar a esperança.
Aqui está a força da fé, que liberta do medo e dá esperança.

"Por que sois tão medrosos? Ainda não tendes fé?"

Queridos irmãos e irmãs, deste lugar que atesta a fé rochosa de Pedro, gostaria, nesta tarde, de confiar todos ao Senhor, pela intercessão de Nossa Senhora, saúde de seu povo, estrela do mar em tempestade.

Desta colunata que abraça Roma e o mundo, desça sobre vocês, como um abraço consolador, a bênção de Deus.

Senhor, abençoa o mundo, dá saúde aos corpos e conforto aos corações! Tu nos pedes que não tenhamos medo; nossa fé, porém, é fraca e sentimo-nos temerosos. Mas Tu, Senhor, não nos deixes à mercê da tempestade. Continua a repetir-nos: "Não tenhais medo!" (Mt 14,27). E nós, juntamente com Pedro, "te confiamos todas as nossas preocupações, porque Tu tens cuidado de nós" (cf. 1Pd 5,7).

Recordações de uma oração que uniu o mundo

O Papa terminou há pouco uma de suas audiências de quarta-feira.

Recolhe-se em silêncio e olha as imagens de 27 de março, revivendo o que aconteceu naquela sexta-feira da Quaresma. Recordar as etapas da *Statio Orbis* celebrada na praça São Pedro vazia, na chuva, com as orações interrompidas pelo som das sirenes, para ele é uma experiência que vai além da simples recordação. Em seu rosto, reaparece a atitude da oração.

Perguntamos-lhe o que sentiu ao caminhar em silêncio até o adro da Basílica:

**"Caminhava assim, sozinho, pensando na solidão de tantas pessoas...
Um pensamento inclusivo, um pensamento com a cabeça
e com o coração, juntos...
Sentia tudo isso e caminhava..."**

O mundo olhava para o Bispo de Roma, e rezava com ele,
em silêncio.

Olhava para o Papa como intercessor entre Deus e nós, seu povo.

E a Francisco, perguntamos o que disse a Deus naqueles momentos:

**"Tu conheces isso, já em 1500 resolveste uma situação como essa,
'meté mano'.[1]**

**Essa expressão 'põe tua mão' é muito minha. Muitas vezes, em
oração, eu digo:**

'Põe tua mão nisso, por favor!'."

[1] "Meté mano", em espanhol: expressão
coloquial, informal e familiar, muito usada na
Argentina, especialmente em Buenos Aires.

Os olhos do Papa detêm-se na praça São Pedro vazia.
Perguntamos o que pensava naquele momento, o que pensava
sobre o povo e o sofrimento de tantas pessoas:

**"Duas coisas me vieram à mente: a praça vazia, as pessoas unidas a
distância... e, deste lado, o barco dos migrantes, aquele monumento...
E estamos todos no barco, e neste barco não sabemos quantos
poderão desembarcar... Todo um drama diante do barco, a peste,
a solidão... em silêncio...".**

O barco é mencionado no Evangelho de Marcos que foi
lido naquela noite. E está presente na praça, representado no
monumento que recorda os migrantes. É por isso que, de vez
em quando, o olhar do Bispo de Roma se dirigia para a colunata
direita, para aquele monumento difícil de distinguir na escuridão.

"O barco!...", repete o Papa, quase sussurrando.

Perguntamos em quem ele pensava em particular naqueles momentos,
quem considerava mais necessitado, quem confiava ao Senhor
em oração.
Responde mais uma vez em voz baixa:

"Tudo estava unido: o povo, o barco e a dor de todos..."

O que sustentou o Papa?
O que lhe deu força e esperança naquele momento tão intenso
e dramático?
Francisco permanece em silêncio por alguns momentos,
olhando para esta foto:

"Beijar os pés do Crucificado sempre dá esperança.
Ele sabe o que significa caminhar, e sabe o que é a quarentena,
porque foram-lhe colocados dois pregos ali para mantê-lo firme.
Os pés de Jesus são uma bússola na vida das pessoas,
quando caminham e quando estão paradas.
Os pés do Senhor me tocam muito..."

As imagens fluem lentamente.

Eis a que o mostra usando vestes litúrgicas no adro da Basílica. No chão, há uma grande inscrição, *11 de outubro de 1962*. Chamamos sua atenção para a data. Exclama imediatamente:

"Era o início do Concílio!"

Acrescentamos à lembrança a citação do famoso "Discurso à Lua" de São João XXIII, que apareceu inesperadamente da janela de seu escritório para abençoar a grande multidão de fiéis que seguravam suas velas e disse: "Levem a carícia do Papa a seus filhos".[2] Francisco escuta em silêncio...

"Naquele momento, não tinha notado..."

É uma coincidência... Quase como se quisesse dizer que uma nova carícia do Papa deve ser levada para casa, em todas as casas, no sofrimento e na solidão das famílias isoladas, nos corredores dos hospitais onde os doentes escalavam seu Calvário sem a proximidade e o conforto de seus entes queridos.

"Sim, sim..."

[2] "Voltando para casa, vocês encontrarão as crianças. Deem a elas uma carícia e digam: 'Esta é a carícia do Papa'. Talvez vocês as encontrarão com alguma lágrima para enxugar. Tenham uma palavra de consolo: o Papa está conosco, especialmente nas horas de tristeza e amargura" (São João XXIII).

Pedimos para retomar o fluxo de lembranças,
para refletir sobre aqueles momentos diante das imagens
que os retratam.

"Eu estava em oração diante do Senhor... ali...

Uma oração de intercessão diante de Deus..."

Impressiona a ausência de pessoas na praça desoladamente vazia. Tão diferente de todas as outras vezes, de todas as outras celebrações. Mas o Papa percebia a presença dos fiéis, dos crentes e dos não crentes? Sentia que naquele momento muitas pessoas estavam conectadas ao Sucessor de Pedro e entre si através da mídia?

"Eu estava em contato com as pessoas. Não estava sozinho em nenhum momento..."

Mas sobre a praça vazia, acrescenta:

"... era impressionante".

A *Statio Orbis* tão despida, desprovida de tudo.
Desprovida da participação do povo de Deus.
Mas com algumas presenças significativas.
Perguntamos-lhe como a vivenciou:

"Bem. A Virgem estava lá...
Eu mesmo pedi que a Virgem estivesse lá, a *Salus Populi romani*,
queria que estivesse lá...
E o Cristo... o Cristo Milagroso...".

Foi dito e escrito que o evento de 27 de março está destinado
a permanecer na história e na memória de todos.
O Papa fecha o livro de recordações e conclui:

**"Foi uma coisa única.
Tudo começou com um pobre capelão de uma prisão...".**

Organizado por **Lucio Adrian Ruiz**

O Rito

I. A escuta da Palavra de Deus

O Santo Padre:

Em nome do Pai e do Filho e do Espírito Santo.
    R. Amém.

Oremos.
Deus todo-poderoso e misericordioso,
olhai para nossa dolorosa condição:
confortai vossos filhos e abri nosso coração à esperança,
para sentirmos, no meio de nós,
vossa presença de Pai.
Por nosso Senhor Jesus Cristo, vosso Filho, que é Deus,
e vive e reina convosco, na unidade do Espírito Santo,
por todos os séculos dos séculos.
    R. Amém.

Evangelho

Escutem a Palavra do Senhor do Evangelho segundo São Marcos (4,35-41)

Naquele dia, ao cair da tarde, Jesus disse aos discípulos: "Passemos à outra margem!" E, despedindo a multidão, levaram-no consigo no barco, assim como estava. Outros barcos o acompanhavam. Surgiu, então, uma tempestade bem forte, que lançava as ondas dentro do barco, que se enchia de água. Jesus estava na parte de trás, dormindo sobre o travesseiro. Os discípulos o acordaram e disseram-lhe: "Mestre, não te importa que pereçamos?"

E ele, despertando, repreendeu o vento e disse ao mar: "Silêncio! Cala-te!"
O vento parou, e fez-se grande calmaria. Então Jesus lhes disse: "Por que sois tão medrosos? Ainda não tendes fé?"
E, tomados de grande temor, diziam uns para os outros: "Quem é este, que até o vento e o mar lhe obedecem?"

Alocução do Santo Padre

II. Exposição, adoração e bênção eucarística

Ladainha de súplica

Nós vos adoramos, Senhor.

Verdadeiro Deus e verdadeiro homem, realmente presente neste Santo Sacramento,
R. Nós vos adoramos, Senhor.
Nosso Salvador, Deus conosco, fiel e rico em misericórdia,
R. Nós vos adoramos, Senhor.
Rei e Senhor da criação e da história,
R. Nós vos adoramos, Senhor.
Vencedor do pecado e da morte,
R. Nós vos adoramos, Senhor.
Amigo do homem, ressuscitado e vivo, à direita do Pai,
R. Nós vos adoramos, Senhor.

Cremos em Vós, Senhor.

Filho unigênito do Pai, descido do Céu para nossa salvação,
R. Cremos em Vós, Senhor.
Médico celeste, que vos inclinais sobre a nossa miséria,
R. Cremos em Vós, Senhor.
Cordeiro imolado, que vos ofereceis para nos resgatar do mal,
R. Cremos em Vós, Senhor.
Bom Pastor, que dais a vida pelo rebanho que amais,
R. Cremos em Vós, Senhor.
Pão vivo e remédio de imortalidade, que nos dais a Vida eterna,
R. Cremos em Vós, Senhor.

Livrai-nos, Senhor.

Do poder de Satanás e das seduções do mundo:
R. Livrai-nos, Senhor.
Do orgulho e da presunção de não precisar de Vós:
R. Livrai-nos, Senhor.
Dos enganos do medo e da angústia:
R. Livrai-nos, Senhor.
Da incredulidade e do desespero:
R. Livrai-nos, Senhor.
Da dureza de coração e da incapacidade de amar:
R. Livrai-nos, Senhor.

Salvai-nos, Senhor.

De todos os males que afligem a humanidade:
R. Salvai-nos, Senhor.
Da fome, da carestia e do egoísmo:
R. Salvai-nos, Senhor.
Das doenças, das epidemias e do medo do irmão:
R. Salvai-nos, Senhor.
Da loucura devastadora, dos interesses impiedosos e da violência:
R. Salvai-nos, Senhor.
Dos enganos, da má informação e da manipulação das consciências:
R. Salvai-nos, Senhor.

Consolai-nos, Senhor.

Olhai para a vossa Igreja que atravessa o deserto:
R. Consolai-nos, Senhor.
Olhai para a humanidade, aterrorizada pelo medo e pela angústia:
R. Consolai-nos, Senhor.
Olhai para os doentes e moribundos, oprimidos pela solidão:
R. Consolai-nos, Senhor.
Olhai para os médicos e agentes de saúde, extenuados pela fadiga:
R. Consolai-nos, Senhor.
Olhai para os políticos e administradores que carregam o peso de suas opções:
R. Consolai-nos, Senhor.

Concedei-nos vosso Espírito, Senhor.

Na hora da provação e desorientação:
R. Concedei-nos vosso Espírito, Senhor.
Na tentação e na fragilidade:
R. Concedei-nos vosso Espírito, Senhor.
No combate contra o mal e o pecado:
R. Concedei-nos vosso Espírito, Senhor.
Na busca do verdadeiro bem e da verdadeira alegria:
R. Concedei-nos vosso Espírito, Senhor.
Na decisão de permanecer em Vós e em vossa amizade:
R. Concedei-nos vosso Espírito, Senhor.

Abri-nos à esperança, Senhor.

Se o pecado nos oprimir:
R. Abri-nos à esperança, Senhor.
Se o ódio nos fechar o coração:
R. Abri-nos à esperança, Senhor.
Se a dor nos visitar:
R. Abri-nos à esperança, Senhor.
Se a indiferença nos angustiar:
R. Abri-nos à esperança, Senhor.
Se a morte nos aniquilar:
R. Abri-nos à esperança, Senhor.

Bênção Eucarística

O Santo Padre:

Oremos.
Senhor Jesus Cristo,
que no admirável sacramento da Eucaristia
nos deixastes o memorial de vossa paixão,
concedei-nos a graça de venerar de tal modo
os sagrados mistérios de vosso Corpo e Sangue,

que possamos experimentar sempre em nós
o fruto de vossa redenção.
Vós que viveis e reinais pelos séculos dos séculos.

R/. Amém.

Proclamação da indulgência

O Cardeal:

O Santo Padre Francisco concede a indulgência plenária, na forma estabelecida pela Igreja, a todos aqueles que recebem a bênção eucarística, seja através dos vários meios de comunicação, ou unindo-se apenas espiritualmente e com o desejo, ao presente rito.

O Santo Padre concede a bênção com o Santíssimo Sacramento.

Ato de louvor

- Bendito seja Deus.
- Bendito seja o seu santo nome.
- Bendito seja Jesus Cristo, verdadeiro Deus
  e verdadeiro homem.
- Bendito seja o nome de Jesus.
- Bendito seja o seu sacratíssimo Coração.
- Bendito seja o seu preciosíssimo sangue.
- Bendito seja Jesus no Santíssimo sacramento do altar.
- Bendito seja o Espírito Santo Paráclito.
- Bendita seja a grande Mãe de Deus, Maria Santíssima.
- Bendita seja sua santa e imaculada conceição.
- Bendita seja sua gloriosa assunção.
- Bendito seja o nome de Maria, Virgem e Mãe.
- Bendito seja São José, seu castíssimo esposo.
- Bendito seja Deus, nos seus anjos e nos seus santos.

Conclusão

Parte I

"Para que possas contar e fixar na memória" (cf. Ex 10,2).

A celebração do dia 27 de março ficará na memória de todos os homens e mulheres que, fechados, assustados e perdidos na inesperada tempestade da pandemia da Covid-19, assistiram de suas casas ao Papa Francisco no coração da Igreja. Respirando com dificuldade, subiu ao Templo e nos chamou para nos despertarmos, e fez ressoar as palavras de Jesus em quase todos os cantos do universo: "*Por que tendes medo? Ainda não tendes fé?*". Recordou-nos que estávamos afundando por conta própria e nos convidou a abandonar nossos medos em Jesus, para que Nele pudéssemos conseguir a serenidade no meio da tempestade. Depois confiou todos nós ao Senhor, por intercessão de Maria, saúde de seu povo. Implorou a Deus em silêncio, aos pés da cruz de Cristo, e nos abençoou com o Santíssimo Sacramento...

Esta história que contamos, *para que fique marcada na memória*, ocorreu em meio à tragédia da Covid-19, que atingiu toda a humanidade, trazendo solidão, medo, doença e morte. Esta é a história de um evento original, que alcançou e abraçou toda a humanidade. É um ato litúrgico de grande originalidade, porque é uma celebração que *reflete uma história* e que *se torna história*:

- *Reflete uma história*: porque apresenta o drama humano ao Deus da Misericórdia.

- *Torna-se história*: porque a resposta de Deus é *Sua Presença*, uma presença no meio de seu povo, uma presença que abençoa e acompanha.

Esse duplo movimento, traduzido em linguagem litúrgica, se reflete em uma trama de sinais, palavras e acontecimentos que manifestam, por um lado, o sofrimento da humanidade que espera, mas precisa ser chamada e exortada à fé e à confiança; e, por outro, a infalível fidelidade de Deus, que está no meio dos homens, os abençoa para fortalecê-los e os acompanha para guiá-los pelo caminho da história.

Mas a liturgia, que se realiza num contexto preparado, sóbrio, essencial, que emoldura a celebração, é acompanhada por um contexto não preparado, por elementos que contribuem para criar uma narrativa rica e profunda, que agita as memórias, relembra outros eventos, sacode sentimentos, saúda o essencial.

Esse momento histórico é caracterizado pelo fato de a quarentena ter impedido a participação dos peregrinos e, por essa razão, pela primeira vez na história, um Papa faz uma celebração *Urbi et Orbi* com a praça deserta, sem a presença do povo de Deus. Mas, por outro lado, conjugando a fé, a vida e a cultura em que nos encontramos, transformados pela *digitalidade* das relações e atividades que muitas vezes temos tido dificuldade de combinar com a espiritualidade, hoje, paradoxalmente, descobrimos que é precisamente essa *digitalidade* que "enche" a praça São Pedro, como em nenhum outro momento, de peregrinos, "participantes digitais" de todos os cantos do planeta.

Assim, essa celebração torna-se um evento que marca o caminho de fé e esperança do mundo. É um fato que ficou marcado na mente e no coração não só dos crentes, mas também de todos os que, de alguma forma, buscando uma explicação para um fenômeno que é no mínimo inacreditável para o mundo contemporâneo, encontraram nesta liturgia não uma resposta, mas uma esperança que chega ao coração, por causa de sua intensidade, porque evoca uma história muito maior e mais longa, a história do amor, da fidelidade e da presença de Deus entre os homens.

É por isso que é importante, como lemos na Mensagem do Santo Padre para o Dia Mundial das Comunicações Sociais 2020, fazer deste evento *uma história*: "para que", como diz seu lema, "*possas contar e fixar na memória*". Isso é necessário porque, dessa forma, *a vida se torna história*, história que é lembrada, história que é revivida, história que é transmitida às futuras gerações, para que possa fazer parte da grande história do caminho de Deus com a humanidade. O momento presente não é marcado apenas por este vírus, mas é, fundamentalmente, sigilado pela Presença de Deus. E isso deve ser lembrado e recontado para que possa *ser fixado na memória...*

A narração não pretendia mostrar algo *a ser visto*, mas sim criar um encontro *a ser vivenciado*. Tratava-se de *chegar* às casas para entrar nos corações. Assim, embora a praça estivesse deserta de corpos, estava, de fato, transbordando de pessoas que, espiritualmente, com a ajuda da *digitalização*, vivenciavam, unidas, o mistério que estava sendo celebrado.

A narração não é a do escritor e artista que se retira em silêncio para evocar a musa inspiradora, para conceber uma ideia sobre a qual escrever e compor a trama de sua história. A narração é a do "pastor com cheiro de ovelha", a do intercessor que se coloca entre Deus, cujo nome é Misericórdia, e o povo, pelo qual o Filho deu sua vida e que agora implora essa Misericórdia.

A narrativa do evento tece, portanto, uma trama entre o Deus Misericordioso, sempre presente na história do homem, e sua Igreja, que *no medo* lhe implora, porque precisa ser encorajada a voltar à fé e à confiança, à segurança da presença de seu Deus. Em resumo, não é uma narrativa diferente das muitas encontradas na Sagrada Escritura, mas esta ocorre no contexto de uma celebração litúrgica vaticana, no mundo de hoje, globalizado, com uma pandemia planetária em curso.

Sim, nasce do silêncio, mas de um silêncio que contempla, que entra no Mistério de Deus e no mistério do sofrimento humano. Não é uma musa que inspira, mas o exercício do ministério do Pontífice, que constrói uma ponte entre Deus e o homem.

Mas não nasce apenas do silêncio, nasce também da partilha do sofrimento com a Igreja, que ele lidera como Bispo e Pastor, e do qual é também membro como cristão. Essa realidade teológica e espiritual se reflete na imagem comovente da subida do Santo Padre da praça, o lugar dos homens, ao Templo, o lugar de Deus. Assim se manifesta, em um único movimento, o ato de levar o povo de Deus, representando-o, para o lugar do encontro, da contemplação e da presença que abençoa.

É, portanto, desse ponto de vista de Pastor e Intercessor que se deduz a narrativa básica, que implica conhecer o Amor Misericordioso de Deus para poder pedir, e a necessidade da humanidade para saber o que pedir; mas também saber exortar a Igreja para despertar a fé, a confiança e a esperança, porque o Deus fiel pede fidelidade.

"Por que tendes medo? Ainda não tendes fé?"

A pergunta de Jesus é a grande advertência: *"Por que tendes medo? Ainda não tendes fé"*? Esse é o fio condutor não apenas da homilia, mas sobretudo de todo o evento, pois a subida representa o "vir de um mundo com medo", do qual surge a questão: *"Por que tendes medo?"*; e a bênção com o Santíssimo representa a presença clara de Jesus na História, e daí a pergunta: *"Ainda não tendes fé"*. Assim, *"Por que tendes medo? Ainda não tendes fé?"* é o refrão, a conexão, o nexo, o eixo, o princípio e a conclusão do evento, porque dar certeza sobre a promessa *"estou convosco todos os dias, até o fim dos tempos"* é a chave para não ter medo, para ser firme na fé. Com Jesus a bordo do barco da História, não há naufrágio. Assim como Jesus acordou para reavivar a fé dos discípulos, o Santo Padre subiu ao Templo para reavivar a fé do mundo contemporâneo.

Um elemento particular do "levar a humanidade ao Templo" é a recordação de todas as *"pessoas comuns – habitualmente esquecidas – que não aparecem nas manchetes dos jornais e revistas [...] mas que hoje estão, sem dúvida, escrevendo os eventos decisivos de nossa história"*. Entre eles estão todos, a começar pelos últimos, os das "periferias existenciais".

O chamado a buscar Jesus como os discípulos, a esperar Nele e a acreditar Nele, é claro e não suavizado, é colocado na dimensão cristológica correta: *"Temos uma âncora: em sua cruz, fomos salvos. Temos um leme: em sua cruz, fomos resgatados. Temos uma esperança: em sua cruz, fomos curados e abraçados, para que nada e ninguém nos separe de seu amor redentor"*. Por isso, na esteira da esperança dos discípulos, *"agora nós, encontrando-nos em mar agitado, te imploramos: 'Acorda, Senhor!'"*.

O Milagre esperado

"Não te importas?", perguntam os discípulos, como tantas vezes perguntamos a Deus em nossas vidas: *não te importas com nossos sofrimentos? Por que calas? Por que dormes?...*

Para a resposta, é preciso se aproximar de Jesus, é preciso voltar-se para Ele, pois só Ele pode acalmar a tempestade e acalmar as águas.

Muitos participaram ansiosamente da oração em busca do "milagre". O Evangelho escolhido para o evento parecia seguir essa linha. Fazer um grande acontecimento para que o milagre esperado acontecesse, como o mar acalmado por Jesus: que o vírus desaparecesse com a bênção. Então, de repente, milagre realizado, sem mais vírus, todos felizes e alguns dias depois, na rotina desenfreada de um "mundo doente", tudo permanece como um pesadelo com um final feliz.

E então – e não seria a primeira vez – teríamos esquecido o grande milagre, o teríamos deixado para trás... No Evangelho, encontramos muitas dessas histórias: grandes milagres que o povo não entendia e dos quais, no caminho da Cruz, ninguém mais se lembrava; basta pensar no que aconteceu depois da multiplicação dos pães e dos peixes.

O significado dos milagres de Jesus não estava no próprio milagre, mas no sinal que ele queria dar e em seu significado: devolveu a visão ao cego para dizer "Eu sou a Luz do mundo"; deu de comer até saciar para dizer "Eu sou o Pão da Vida"; ressuscitou um homem morto para dizer "Eu sou a Vida". Para Jesus, o evento não foi o milagre, mas a mensagem que ele continha. Acima de tudo, o verdadeiro milagre não foi a cura ou a multiplicação dos pães, mas despertar a fé nos discípulos. O milagre é a fé em Jesus, porque é o ponto essencial da Salvação: "quem crê, tem a vida eterna". O objetivo do milagre é a fé: "Para que creiam" (cf. Jo 16).

De fato, os milagres que deram frutos são aqueles que levaram os discípulos à confissão da fé e a seguir o Senhor, como aconteceu com o homem cego de nascença, cuja maravilhosa confissão de fé é mostrada no relato: "Quem é, Senhor, para que eu creia nele? [...] Eu creio, Senhor!" (cf. Jo 9,1-41).

Os milagres "não acontecidos" no coração das pessoas são os que levam muitos a se limitarem à materialidade do evento: multiplicou os pães, e queriam fazê-lo rei para que lhes desse pão sem ter de trabalhar. Eventos que, na maioria dos casos, não levaram à fé na presença de Deus, não produziram o movimento da fé, mas exigiram uma estabilidade totalmente humana, uma simplificação na satisfação das necessidades ou na solução dos problemas.

Para alguns, na *Statio Orbis*, o impulso humano poderia ser o mesmo: a busca de um evento "mágico" para resolver o problema, para não sofrer mais e voltar à vida de sempre. É por isso que, aos olhos de muitos, "nada aconteceu": o milagre esperado não aconteceu.

Mas, na realidade, o milagre, se o olharmos com os olhos de Jesus, aconteceu, porque o objetivo era *animar a fé dos crentes, despertar os corações para a esperança e promover uma caridade criativa*, para que o mundo pudesse manifestar o Amor.

"Eis que faço novas todas as coisas" (Ap 21,5).

Se o evento não foi uma produção cinematográfica, nem uma operação "mágica" para afastar o vírus, tampouco foi uma "piedosa celebração", desligada do mundo e da história, para permanecer na imobilidade. Como aconteceu aos discípulos que olhavam para o céu na Ascensão do Senhor, assim também todos nós, cristãos e todos os homens de boa vontade, não podemos nos deter na recordação de uma celebração especial. A *Statio Orbis*, e toda a oração, deve ser o ponto de partida para criar uma coisa nova, para uma mudança radical na cultura, para um novo início, para um novo futuro.

A *Statio Orbis* não é uma oração à Misericórdia de Deus, mas uma exortação ao povo para criar uma nova vida, uma nova história. Assim, da meditação desta liturgia, nasce um Ensinamento Pontifício rico na análise da realidade e das causas para as quais o homem contribuiu para a manifestação desta crise e, portanto, para a necessidade de uma mudança de vida.

Se a pandemia mostrou a fraqueza de nossa cultura e de nosso modo de viver em sociedade e na *casa comum*, é necessário que aprendamos com esta crise para sairmos diferentes, porque *não se sai de uma crise da mesma forma de antes: ou saímos melhores ou piores, mas nunca iguais.*

Para poder compreender e se deixar iluminar pela riqueza do Ensinamento que segue esse evento, propomos, na *Segunda Parte* deste livro, uma coletânea dos principais documentos do Santo Padre, nos quais ele explicita tudo o que disse, *in nuce* [embrionariamente], na Meditação da *Statio Orbis*.

Lucio Adrian Ruiz

O que devemos aprender com a pandemia
O magistério de Francisco

Introdução

Parte II

Depois de 27 de março, o magistério do Papa Francisco foi enriquecido por um frutuoso Ensinamento. Um fio condutor ligou cada homilia, mensagem, meditação... Para acompanhar o mundo iluminando a análise da situação, exortando à criatividade na ação e infundindo esperança, a esperança que vem do Senhor Crucificado e Ressuscitado. Seu magistério nos convida a ver nesta realidade histórica um tempo de graça para repensar nossas vidas, para nos questionarmos sobre o que nossa cultura se tornou, como foram reduzidas as relações com os outros e a conduta de cada um em relação à nossa casa comum. Não aproveitar essa graça seria desperdiçar este tempo e, com ele, a dor e o sofrimento de toda a humanidade.

No dia **12 de abril**, domingo de Páscoa, o Santo Padre iniciou um caminho de mensagens que acompanharam nossas vidas durante o tempo da pandemia. Elas continuam, assim como continua nosso sofrimento, e a crise no mundo. É um ensinamento que acompanha a rotina diária de nossas vidas enquanto choramos nossos mortos e recuperamos nossa saúde; não só a nossa, mas também a de nosso *mundo doente*. "Jesus Cristo ressuscitou!", exclamou o Papa Francisco em sua mensagem *Urbi et Orbi*, e nos chamou a iniciar outro "contágio", o de coração a coração, o contágio do amor e da esperança. O Ressuscitado entra mesmo que as portas estejam fechadas; Ele aparece em um "momento difícil" da comunidade que está fechada, confusa e cheia de medo. A experiência da Ressurreição não é um ponto de chegada, mas de partida, é um começo, um envio.

Em **17 de abril**, o Papa escreveu para a revista *Vida Nueva*: um "plano para ressurgir". Convidar à alegria, escreve Francisco, pode parecer uma provocação, até mesmo uma piada de mau gosto diante das consequências da Covid-19. Mesmo assim, o Papa nos chama – diante da dúvida, do sofrimento, da perplexidade e até do medo – a ter a atitude das mulheres do Evangelho, testemunhas da ressurreição. "Estou fazendo coisas novas, e já estão despontando: ainda não percebeis?" (Is 43,19). Este é o momento certo para nos encorajar a uma nova imaginação, para nos deixar levar pelo Espírito a fazer "novas todas as coisas" (Ap 21,5).

Em **19 de abril**, em sua homilia na Santa Missa da Divina Misericórdia, o Santo Padre nos advertiu de um vírus mais perigoso: "o da indiferença egoísta que se transmite a partir da ideia de que a vida só melhora se melhora para mim". O antídoto é "a misericórdia que não abandona os que são deixados para trás".

Em **30 de maio**, véspera de Pentecostes, o Papa Francisco afirmou mais uma vez que "ninguém se salva sozinho", "somos uma só humanidade" necessitada do Espírito para nos dar novos olhos, abrir nossas mentes e corações. Suas palavras parecem uma prévia de sua próxima encíclica em elaboração. "Quando sairmos desta pandemia, não poderemos mais fazer o que fizemos e como o fizemos": existem outras pandemias a serem erradicadas, tais como a da pobreza. *Sairemos desta prova melhores ou piores, mas nunca iguais.*

Em **31 de maio**, o Papa Francisco dirigiu uma carta a todos os sacerdotes de Roma, para compartilhar com eles o que pensou e sentiu durante a pandemia. Na carta, ele reconhece a dificuldade de encontrar o caminho a seguir, mas também a missão de manter viva a esperança e trabalhar por uma nova "normalidade" que "ou será algo novo, ou será algo muito, muito pior do que o habitual".

Em **25 de setembro**, o Papa Francisco dirigiu-se à Assembleia Geral das Nações Unidas (que já reconhecia a gravidade da pandemia da Covid-19) com um chamado para um tempo de decisão: o tempo de decidir o que conta e o que passa, de separar o que é necessário daquilo que não o é. Apontou para a Assembleia a oportunidade única de converter, transformar e repensar nosso modo de vida e nossos sistemas econômicos e sociais. E, por fim, indicou a maior verdade que a pandemia nos mostra: não podemos viver uns sem os outros, ou pior, uns contra os outros.

Em **3 de outubro**, o Santo Padre assinou sua terceira encíclica, *Fratelli tutti*, em Assis, diante do túmulo de São Francisco. Irmãs e irmãos todos. A pandemia, diz-nos o Papa, interrompeu a redação de sua Carta. Que o céu conceda que, no final (da pandemia), não existam mais "outros", mas apenas "nós". A epidemia demonstrou a fragilidade dos sistemas mundiais.

Antes da proclamação de sua encíclica, durante nove audiências gerais de **5 de agosto a 30 de setembro de 2020**, o Papa Francisco ofereceu uma série de catequeses intituladas: ***Curar o mundo*** através da transformação das raízes de nossas doenças físicas, espirituais e sociais.

1) Introdução (5 de agosto de 2020): Como podemos ajudar a curar o nosso mundo hoje? Enquanto a prevenção e a cura das pandemias cabem aos líderes políticos e sociais, a Igreja, ao longo dos séculos e à luz do Evangelho, desenvolveu alguns princípios sociais que são fundamentais e encontram-se expressos no *Compêndio da Doutrina Social da Igreja*, cada um dos quais oferece a possibilidade para curar uma das grandes doenças de nosso mundo.

2) Fé e dignidade humana (12 de agosto de 2020): Diante da patologia de uma visão distorcida ou cega da pessoa que ignora sua dignidade e sua índole relacional, e faz disso um objeto, é necessário renovar o olhar capaz de reconhecer o ser humano como portador de uma dignidade inalienável. É uma questão de olhá-lo e reconhecê-lo como um irmão, não como um estranho; olhar para ele com compaixão e empatia. Pedimos a Deus que nos "restitua a vista": que esse novo olhar se traduza em ações concretas de compaixão e respeito por cada pessoa e de cuidado e tutela pela nossa casa comum.

3) A opção preferencial pelos pobres e a virtude da caridade (19 de agosto de 2020): A pandemia destacou e agravou a situação dos pobres e o grande desequilíbrio que reina no mundo. A opção preferencial pelos pobres não pode faltar como resposta, porque está no centro do Evangelho, é um critério-chave de autenticidade cristã. Significa caminhar juntos, deixar-nos evangelizar por eles. Temos a oportunidade de construir, a partir da crise, algo diferente, que transformará as raízes da pobreza. Que o Senhor nos ajude, nos conceda a força para sair melhores, respondendo às necessidades do mundo de hoje.

4) O destino universal dos bens e a virtude da esperança (26 de agosto de 2020): Corremos o risco de perder a esperança. Temos uma economia doente, por causa do crescimento econômico injusto, que prescinde dos valores humanos fundamentais e não cuida da casa comum. Na raiz disso está o pecado de querer possuir, de querer dominar os irmãos e irmãs, a natureza e o próprio Deus. A terra "nos precede e nos foi dada", somos administradores, não proprietários, temos o dever de fazer com que seus frutos cheguem a todos, não apenas a alguns. Devemos agir juntos, na esperança cristã, enraizados em Deus, que sustenta a vontade de compartilhar, porque essa é a missão dos discípulos de Cristo.

5) A solidariedade e a virtude da fé (2 de setembro de 2020): Estamos todos ligados e, para sairmos melhores da crise, devemos fazê-lo juntos, com solidariedade. Solidariedade não é apenas uma questão de ajudar os outros, é uma questão de justiça, é o Pentecostes no qual cada um de nós é um instrumento comunitário que participa, com todo o seu ser, na construção da comunidade. Em meio a crises e tempestades, o Senhor nos interpela e nos convida a despertar e ativar esta solidariedade capaz de conferir solidez, apoio e sentido a estas horas em que tudo parece naufragar.

6) O amor e o bem comum (9 de setembro de 2020): A resposta cristã à pandemia e às crises resultantes baseia-se no amor e, antes de tudo, no amor de Deus. O verdadeiro amor nos torna fecundos e livres, é sempre expansivo e inclusivo, cura e faz o bem. O amor inclui as relações cívicas e políticas, incluindo a relação com a natureza. Uma das mais altas expressões de amor é o amor social e político. O amor inclusivo é social, familiar, político. A solução para a pandemia não deve ter marcas de egoísmo, deve ser construída sobre a rocha do bem comum. Precisamos de uma boa política e precisamos estimular nosso amor sociopolítico.

7) Cuidado da Casa Comum e atitude contemplativa (16 de setembro de 2020): Para sair da pandemia, precisamos cuidar de nós mesmos e de nossa casa comum. O abuso nos deixa doentes: o melhor antídoto para o abuso de nossa casa comum é a contemplação. Precisamos de silêncio; precisamos escutar, contemplar; precisamos da contemplação que cura a alma. Quando contemplamos, descobrimos nos outros e na natureza algo maior que sua utilidade; contemplar é ir além da utilidade, é gratuidade, nos leva a uma atitude de cuidado, nos faz mais do que espectadores, protagonistas. Quem não sabe contemplar a natureza e a criação, não sabe contemplar as pessoas com todas as suas riquezas. Aquele que contempla se porá em ação para mudar o que produz degradação; o contemplativo em ação tende a tornar-se o guardião do meio ambiente. Contemplação e cuidado são o caminho para corrigir, reequilibrar e curar.

8) Subsidiariedade e virtude da esperança (23 de setembro de 2020): A crise atual é de saúde e, ao mesmo tempo, social, política e econômica. Cada um de nós é chamado a assumir sua parte de responsabilidade, ou seja, a compartilhar a responsabilidade. Devemos responder não só como indivíduos, mas também como sociedade, com nossos princípios e a nossa fé em Deus. Para que esta seja uma verdadeira reconstrução social, precisamos do princípio da subsidiariedade para nos tornarmos mais unidos; a colaboração é de cima para baixo e de baixo para cima. Cada um deve ter a possibilidade de assumir a própria responsabilidade nos processos da sociedade da qual faz parte. Não há verdadeira solidariedade sem participação social. Devemos construir um futuro no qual as dimensões local e global se enriquecem mutuamente.

9) Preparar o futuro com Jesus que salva e cura (30 de setembro de 2020): Somos chamados a curar o mundo, que sofre de uma doença que a epidemia realçou e acentuou. Somos chamados a caminhar juntos, mantendo nosso olhar fixo em Jesus, que salva e cura o mundo. Dessa forma, podemos regenerar a sociedade e não voltar à "normalidade" doentia de antes da pandemia. A normalidade a que somos chamados é a do Reino de Deus, onde ninguém passa olhando para o outro lado, onde a organização social se baseia em contribuir e partilhar. A ternura, sinal da presença de Jesus, consiste em aproximar-se do outro para caminhar, curar, ajudar.

Nesse caminho, o chamado do Santo Padre é para refletir e trabalhar juntos, como seguidores de Jesus que cura, para construir um mundo melhor, cheio de esperança: para curar o mundo, libertar-nos das ameaças de vírus perigosos, para superar a dor das feridas que a Covid-19 deixa na humanidade.

Isso só será possível quando se reconhecer que ninguém se salva sozinho, porque somos todos irmãos e irmãs.

Portanto, nesta segunda parte apresentamos este pequeno compêndio dos principais Ensinamentos do Papa Francisco em tempo de Covid-19, que se seguiu ao histórico 27 de março de 2020, não apenas para acompanhar o caminho do povo de Deus neste momento histórico, mas para aproveitar este tempo de graça para uma *nova criação*. Porque "pior que esta crise, há apenas o drama de desperdiçá-la".

Mensagem *Urbi et Orbi*

Páscoa de 2020

Basílica de São Pedro, Altar da Confissão

12 de abril de 2020*

Queridos irmãos e irmãs, feliz Páscoa!

Hoje ecoa em todo o mundo o anúncio da Igreja: "Jesus Cristo ressuscitou"; "ressuscitou verdadeiramente"!

Como uma nova chama, se acendeu esta Boa-nova na noite: a noite de um mundo tomado por desafios contemporâneos e agora oprimido pela pandemia, que coloca à dura prova nossa grande família humana. Nesta noite, ressoou a voz da Igreja: "Cristo, minha esperança, ressuscitou!" (*Sequência da Páscoa*).

É um "contágio" diferente, que se transmite de coração a coração, porque todo o coração humano aguarda esta Boa-nova. É o contágio da esperança: "Cristo, minha esperança, ressuscitou!". Não se trata de uma fórmula mágica, que faça desvanecerem-se os problemas. Não! A ressurreição de Cristo não é isso. Mas é a vitória do amor sobre a raiz do mal, uma vitória que não "salta" por cima do sofrimento e da morte, mas os atravessa, abrindo uma estrada no abismo, transformando o mal em bem: marca exclusiva do poder de Deus.

O Ressuscitado é o Crucificado; e não outra pessoa. Indeléveis em seu corpo glorioso, traz as chagas: feridas que se tornaram frestas de esperança. Para Ele, voltamos nosso olhar, para que sare as feridas da humanidade atribulada.

Hoje penso sobretudo em quantos foram atingidos diretamente pelo coronavírus: os doentes, os que morreram e os familiares que choram a partida de seus queridos, sem, por vezes, sequer conseguir dizer-lhes o último adeus. O Senhor da vida acolha junto de Si, em seu Reino, os falecidos e dê conforto e esperança a quem ainda está na prova, especialmente aos idosos e às pessoas sem ninguém. Não deixe faltar sua consolação e os auxílios necessários a quem se encontra em condições de particular vulnerabilidade, como aqueles que trabalham nas casas de repouso ou vivem nos quartéis e nas prisões. Para muitos, é uma Páscoa de solidão, vivida entre lutos e tantos incômodos que a pandemia está causando, desde os sofrimentos físicos até os problemas econômicos.

---

* Disponível em: <http://www.vatican.va/content/francesco/pt/messages/urbi/documents/papa-francesco_20200412_urbi-et-orbi-pasqua.html>.

Esta epidemia não nos privou apenas dos afetos, mas também da possibilidade de recorrer pessoalmente à consolação que brota dos sacramentos, especialmente da Eucaristia e da Reconciliação. Em muitos países, não foi possível ter acesso a eles, mas o Senhor não nos deixou sozinhos! Permanecendo unidos na oração, temos a certeza de que Ele colocou sua mão sobre nós (cf. Sl 139/138,5), repetindo a cada um com veemência: Não tenha medo! "Ressuscitei, ó Pai, e sempre estou contigo" (*cf. Missal Romano*).

Jesus, nossa Páscoa, dê força e esperança aos médicos e enfermeiros, que, por todo lado, oferecem um testemunho de solicitude e amor ao próximo, até o extremo das forças e, por vezes, até o sacrifício da própria saúde. Para eles, bem como para todos os que trabalham assiduamente para garantir os serviços essenciais necessários à convivência civil, para as forças da ordem e os militares que em muitos países contribuíram para aliviar as dificuldades e tribulações da população, vai nossa saudação afetuosa, juntamente com nossa gratidão.

Nestas semanas, alterou-se improvisamente a vida de milhões de pessoas. Para muitos, ficar em casa foi uma ocasião para refletir, parar os ritmos frenéticos da vida, permanecer com os próprios familiares e desfrutar de sua companhia. Mas, para muitos outros, é também um momento de preocupação pelo futuro, que se apresenta incerto, pelo emprego que se corre o risco de perder e por outras consequências da atual crise. Encorajo todas as pessoas que detêm responsabilidades políticas a trabalhar ativamente em prol do bem comum dos cidadãos, fornecendo os meios e instrumentos necessários para permitir a todos que levem uma vida digna e favorecer – logo que as circunstâncias o permitirem – a retomada das atividades diárias habituais.

Este não é tempo para a indiferença, porque o mundo inteiro está sofrendo e deve sentir-se unido ao enfrentar a pandemia. Jesus ressuscitado dê esperança a todos os pobres, a todos os que vivem nas periferias, aos refugiados e aos sem-teto. Não sejam deixados sozinhos esses irmãos e irmãs mais frágeis, que povoam as cidades e as periferias de todas as partes do mundo. Não lhes deixemos faltar os bens de primeira necessidade, mais difíceis de encontrar agora que muitas atividades estão encerradas, bem como os medicamentos e, sobretudo, a possibilidade deuma assistência sanitária adequada. Considerando as presentes circunstâncias, sejam abrandadas as sanções internacionais que impedem os países destinatários de proporcionar apoio adequado a seus cidadãos; seja também permitido a todos os Estados acudir às maiores necessidades do momento atual, reduzindo – se não, inclusive, perdoando – a dívida que pesa sobre os orçamentos dos mais pobres.

Este não é tempo para egoísmos, pois o desafio que enfrentamos nos une a todos e não faz distinção de pessoas. Dentre as muitas áreas do mundo afetadas pelo coronavírus, penso de modo especial na Europa. Depois da II Guerra Mundial, este continente pôde ressurgir graças a um espírito concreto de solidariedade, que lhe permitiu superar as rivalidades do passado. É muito urgente, sobretudo nas circunstâncias presentes, que tais rivalidades não retomem vigor; antes, pelo contrário, todos se reconheçam como parte de uma única família e se apoiem mutuamente. Hoje, à sua frente, a União Europeia tem um desafio urgente, de que dependerá o futuro não apenas dela, mas também do mundo inteiro. Não se perca esta ocasião para dar nova prova de solidariedade, inclusive recorrendo a soluções inovadoras. Como alternativa, resta apenas o egoísmo dos interesses particulares e a tentação deum regresso ao passado, com o risco de colocar à dura prova a convivência pacífica e o progresso das próximas gerações.

Este não é tempo para divisões. Cristo, nossa paz, ilumine todos os que têm responsabilidades nos conflitos, para que tenham a coragem de aderir ao apelo a um cessar-fogo global e imediato em todos os cantos do mundo. Este não é tempo para continuar a fabricar e comercializar armas, gastando somas enormes que deveriam ser usadas para cuidar das pessoas e salvar vidas. Ao contrário, seja o tempo em que finalmente se ponha termo à longa guerra que ensanguentou a amada Síria, ao conflito no Iêmen e às tensões no Iraque, bem como no Líbano. Seja este o tempo em que israelitas e palestinos retomem o diálogo, a fim de encontrar uma solução estável e duradoura que permita a ambos os povos viverem em paz. Cessem os sofrimentos da população que vive nas regiões orientais da Ucrânia. Ponha-se termo aos ataques terroristas perpetrados contra tantas pessoas inocentes em vários países da África.

Este não é tempo para o esquecimento. A crise que estamos enfrentando não nos faça esquecer muitas outras emergências que acarretam sofrimentos a tantas pessoas. Que o Senhor da vida se mostre próximo das populações da Ásia e da África, que estão atravessando graves crises humanitárias, como na região de Cabo Delgado, no norte de Moçambique. Acalente o coração das inúmeras pessoas refugiadas e deslocadas por causa de guerras, seca e carestia. Proteja os inúmeros migrantes e refugiados, muitos deles crianças, que vivem em condições insuportáveis, especialmente na Líbia e na fronteira entre a Grécia e a Turquia. E não quero esquecer a ilha de Lesbos. Faça com que na Venezuela se chegue a soluções concretas e imediatas, destinadas a permitir a ajuda internacional à população que sofre por causa da grave conjuntura política, socioeconômica e sanitária.

Queridos irmãos e irmãs, palavras como *indiferença, egoísmo, divisão, esquecimento* verdadeiramente não são as que queremos ouvir neste tempo. Ao contrário, queremos bani-las de todos os tempos! Elas parecem prevalecer quando em nós vencem o medo e a morte, isto é, quando não deixamos o Senhor Jesus vencer em nosso coração e em nossa vida. Ele, que já derrotou a morte, abrindo-nos a senda da salvação eterna, dissipe as trevas de nossa pobre humanidade e introduza-nos em seu dia glorioso, que não conhece ocaso.

Com essas reflexões, gostaria de desejar a todos uma feliz Páscoa.

Um plano para ressurgir

Revista *Vida Nueva*

17 de abril 2020*

Jesus veio ao encontro delas e disse-lhes: "Alegrai-vos!" (cf. Mt 28,9).

São as primeiras palavras do Ressuscitado depois que Maria Madalena e a outra Maria descobriram o sepulcro vazio, deparando-se com o anjo. O Senhor vai ao encontro delas para transformar seu luto em alegria e para consolá-las no meio das aflições (cf. Jr 31,13). É o Ressuscitado que quer ressuscitar as mulheres e, com elas, a humanidade inteira para uma nova vida. Quer que comecemos a participar já da condição de ressuscitados que nos espera. Convidar à alegria poderia parecer-nos uma provocação, e até uma piada de mau gosto, diante das graves consequências que estamos sofrendo por causa da Covid-19. Não são poucos aqueles que, como os discípulos de Emaús, podem considerá-lo um gesto de ignorância ou irresponsabilidade (cf. Lc 24,17-19). Como as primeiras discípulas que foram ao sepulcro, vivemos circundados por um clima de dor e de incerteza, que nos leva a perguntar-nos: "Quem vai remover para nós a pedra da entrada do túmulo?" (Mc 16,3). Como enfrentaremos essa situação, que nos dominou completamente? O impacto de tudo o que está acontecendo, as graves consequências que já se assinalam e são perceptíveis, a dor e o luto por nossos entes queridos nos desorientam, angustiam e paralisam. É o peso da pedra sepulcral que se impõe perante o futuro e que, com seu realismo, ameaça enterrar toda esperança. É o peso da angústia de pessoas vulneráveis e idosas, que passam pela quarentena na solidão mais absoluta; é o peso das famílias que já não sabem como pôr na mesa um prato de

---

* Carta redigida em espanhol, enviada a *Vida Nueva*, revista e portal de notícias religiosas e eclesiásticas, que a publicou no dia 17 de abril de 2020. Disponível em: <https://www.vidanuevadigital.com/wp-content/uploads/2020/04/UN-PLAN-PARA-RESUCITAR-PAPA-FRANCISCO-VIDA-NUEVA.pdf>.
Tradução portuguesa: *L'Osservatore Romano*.

29 de novembro de 2015
Abertura da Porta Santa da Catedral de Bangui (República Centro-Africana)

http://www.vatican.va/content/francesco/pt/homilies/2015/documents/papa-francesco_20151129_repcentrafricana-omelia-cattedrale-bangui.html comida; é o peso dos profissionais da saúde e da segurança, quando se sentem exaustos e sobre-carregados... Esse peso parece ter a última palavra.

No entanto, é comovente recordar a atitude das mulheres do Evangelho. Perante as dúvidas, o sofrimento, a perplexidade e até o medo da perseguição e de tudo o que poderia ter-lhes acontecido, conseguiram pôr-se em movimento e não se deixarem paralisar pelo que estava acontecendo. Por amor ao Mestre, e com aquele típico gênio feminino, insubstituível e abençoado, foram capazes de aceitar a vida tal como se apresentava e, astutamente, de contornar os obstáculos para estar ao lado de seu Senhor. Ao contrário de muitos dos apóstolos, que fugiram, dominados pelo medo e pela insegurança, que negaram o Senhor e se esquivaram (cf. Jo 18,25-27), elas, sem fugir nem ignorar o que estava acontecendo, sem esquivar-se nem escapar, simplesmente souberam estar presentes e acompanhar. Como as primeiras discípulas que, no meio da escuridão e do desânimo, encheram as bolsas de óleos aromáticos e partiram para ungir o Mestre sepultado (cf. Mc 16,1), também nós pudemos ver, durante este tempo, muitos que procuraram levar a unção da corresponsabilidade para cuidar e não pôr em risco a vida dos outros. Ao contrário dos que fugiram na esperança de se salvar a si próprios, fomos testemunhas do modo pelo qual vizinhos e familiares se comprometeram, com esforço e sacrifício, a permanecer em casa e, assim, impedir a propagação. Descobrimos que muitas pessoas, que já viviam e tinham de enfrentar a pandemia da exclusão e da indiferença, continuaram a trabalhar, acompanhando e apoiando-se umas às outras, para que a situação seja (ou melhor, fosse) menos dolorosa. Vimos a unção ser derramada por médicos, enfermeiros e enfermeiras, comerciários, pessoal de limpeza, cuidadores, transportadores, forças de segurança, voluntários, sacerdotes, religiosas, avós, educadores e muitos outros que tiveram a coragem de oferecer tudo o que tinham para proporcionar um pouco de cuidado, calma e coragem diante desta situação. Não obstante a pergunta continuasse a ser a mesma: "Quem vai remover para nós a pedra da entrada do túmulo?" (Mc 16,3), nenhum deles deixou de fazer o que sentia que podia e devia dar.

E foi justamente ali, no meio de suas ocupações e preocupações, que as discípulas foram surpreendidas por um anúncio veemente: "Ele ressuscitou! Não está aqui!". A unção delas não era para a morte, mas para a vida. Sua vigilância e acompanhamento do Senhor, até na morte e no maior desespero, não foram em vão; aliás, permitiram-lhes ser ungidas pela ressurreição: não estavam sozinhas, Ele estava vivo e precedia-as ao longo do caminho. Só uma notícia veemente era capaz de quebrar o círculo que as impedia de ver que a pedra já tinha sido removida, e que o perfume derramado tinha mais capacidade de propagação do que aquilo que as ameaçava. Esta é a fonte da nossa alegria e esperança, que transforma nossa ação: nossas unções, nossa dedicação... Nosso vigiar e acompanhar de todas as formas possíveis neste tempo não são nem serão vãos: não se trata de dedicação à morte. Todas as vezes que participamos na Paixão do Senhor, acompanhamos a paixão dos nossos irmãos, vivendo também a mesma paixão, os nossos ouvidos ouvirão a novidade da Ressurreição: não estamos sozinhos, o Senhor nos precede em nosso caminho, removendo as pedras que nos paralisam. Essa boa-nova fez com que aquelas mulheres voltassem a colocar-se a caminho, em busca dos apóstolos e dos discípulos que estavam escondidos, para lhes dizer: "A vida arrancada, destruída, aniquilada na cruz despertou e voltou a palpitar".[1] Essa é a nossa esperança, aquela que não poderá ser-nos arrancada, silenciada nem contaminada. Toda a vida de serviço e amor que vocês ofereceram neste tempo voltará a pulsar. É suficiente abrir uma fenda para que a unção que o Senhor quer nos conceder se propague com força inexorável e nos permita contemplar a dolorosa realidade com olhar renovador.

E, como as mulheres do Evangelho, também nós somos insistentemente convidados a colocar-nos novamente a caminho, deixando-nos transformar por esse anúncio: com sua novidade, o Senhor pode renovar sempre nossa vida e a de nossa comunidade.[2] Nesta terra desolada, o Senhor se compromete a regenerar a beleza e a fazer renascer a esperança: "Estou fazendo coisas novas, e já estão despontando: ainda não percebeis?" (Is 43,19). Deus jamais abandona seu povo, está sempre a seu lado, especialmente quando a dor se torna mais presente.

Se pudemos aprender algo em todo este tempo, é que ninguém se salva sozinho. As fronteiras caem, as paredes desabam e todos os discursos fundamentalistas se dissolvem perante uma presença quase imperceptível, que manifesta a fragilidade de que somos feitos. A Páscoa nos convoca e convida a recordar esta outra presença discreta e respeitosa, generosa e reconciliadora, capaz de não quebrar a cana rachada, nem de apagar a mecha que ainda fumega (cf. Is 42,2-3), para fazer pulsar a nova vida que quer conceder a todos nós. É o sopro do Espírito que abre horizontes, desperta a criatividade e nos renova na fraternidade para dizer "presente" (ou mesmo: "eis-me aqui") perante a enorme e inadiável tarefa que nos espera. É urgente discernir e encontrar a pulsação do Espírito para dar impulso, juntamente com outros, a dinâmicas que possam testemunhar e canalizar a nova vida que o Senhor quer gerar neste momento concreto da história. Este é o tempo favorável do Senhor, que nos pede que não nos conformemos nem nos contentemos e, menos ainda, que não nos justifiquemos com lógicas substitutivas ou paliativas, que nos impedem de suportar o impacto e as graves consequências do que estamos vivendo. Este é o momento propício para encontrar a coragem de uma nova imaginação do possível, com o realismo que só o Evangelho pode nos oferecer. O Espírito, que não se deixa fechar nem instrumentalizar com esquemas, modalidades e estruturas fxas ou caducas, propõe-nos que nos unamos ao seu movimento, capaz de "[fazer novas] todas as coisas" (Ap 21,5).

Neste momento, compreendemos a importância de "unir toda a família humana na busca de um desenvolvimento sustentável e integral".[3] Cada ação individual não é um ato isolado, para o bem ou para o mal. Tem consequências para os outros, pois, em nossa casa comum, tudo está interligado; as autoridades de saúde ordenam o confinamento em casa, mas são as pessoas que o tornam possível, conscientes de sua corresponsabilidade para impedir a pandemia: "Uma emergência como a da Covid-19 derrota-se antes de tudo com os anticorpos da solidariedade".[4] Uma lição que interromperá todo fatalismo em que nos imergimos e nos permitirá sentir-nos novamente criadores e protagonistas de uma história comum e, assim, responder juntos a tantos males que afligem milhões de pessoas no mundo inteiro. Não podemos dar-nos ao luxo de escrever a história presente e futura virando as costas ao sofrimento de tantos. É o Senhor que nos perguntará de novo: "Onde está (...) teu irmão?" (Gn 4,9); que, em nossa capacidade de resposta, possa revelar-se a alma de nossos povos, aquele reservatório de esperança, fé e caridade em que fomos gerados e que, durante muito tempo, anestesiamos e silenciamos. Se agirmos como um só povo, até diante das outras epidemias que nos ameaçam, poderemos ter um impacto real. Seremos capazes de agir de forma responsável perante a fome que muitos sofrem, conscientes de que há comida para todos? Continuaremos a olhar para o outro lado, com um silêncio cúmplice perante guerras alimentadas por desejos de domínio e de poder? Estaremos dispostos a mudar os estilos de vida que afundam muitos na pobreza, promovendo e encontrando a coragem de levar uma vida mais austera e humana, que permita uma distribuição equitativa dos recursos? Tomaremos, como Comunidade internacional, as medidas necessárias para impedir a devastação do meio ambiente, ou continuaremos a negar a evidência? A globalização da indiferença continuará a ameaçar e a tentar nosso caminho... Que ela nos encontre com os necessários anticorpos da justiça, da caridade e da solidariedade. Não devemos ter medo de viver a alternativa da civilização do amor, que é "uma civilização da esperança: contra a angústia e o medo, a tristeza e o desânimo, a passividade e o cansaço. Constrói-se a civilização do amor diariamente, sem interrupções. Ela pressupõe um esforço articulado de todos. Para isso, requer uma comunidade de irmãos comprometidos".[5]

Espero que, neste tempo de tribulação e de luto, onde vocês estiverem, possam fazer a experiência de Jesus, que vem ao seu encontro, os saúda e lhes diz: "Alegrai-vos" (cf. Mt 28,9). E que essa saudação nos mobilize a invocar e amplificar a Boa-Nova do Reino de Deus.

[1] Romano Guardini, *El Señor. Meditaciones sobre la persona y la vida de Jesucristo*, Cristiandad S.L., 2002, 504 (edição em português: *O Senhor*, Agir, 1964).

[2] Cf. ex. ap. *Evangelii gaudium*, 11.

[3] FRANCISCO. Carta Encíclica *Laudato Si'* sobre o cuidado da Casa Comum. (Documentos Pontifícios, 22). Brasília: Edições CNBB, 2016, n. 13.

[4] Pontifícia Academia para a Vida, *Pandemia e fraternidade universal, Nota sobre a emergência de Covid-19*, 30 de março de 2020, 4.

[5] Eduardo Pironio, *Diálogo con laicos*, Buenos Aires, Patria Grande, 1986.

Santa Missa | II Domingo de Páscoa

Homilia

Igreja do Santo Espírito em Sassia
II Domingo de Páscoa (ou da Divina Misericórdia)
19 de abril de 2020*

No domingo passado, celebramos a ressurreição do Mestre.

Hoje assistimos à ressurreição do discípulo. Passou uma semana; semana essa que os discípulos, apesar de terem visto o Ressuscitado, transcorreram cheios de medo, mantendo "as portas trancadas" (Jo 20,26), sem conseguir sequer convencer da ressurreição o único ausente, Tomé. Que faz Jesus perante essa incredulidade medrosa? Regressa, coloca-se na mesma posição, "no meio" dos discípulos, e repete a mesma saudação: "A paz esteja convosco!" (Jo 20,19.26). Começa de novo. A ressurreição do discípulo começa daqui, desta *misericórdia fiel e paciente*, da descoberta de que Deus não se cansa de nos estender a mão para nos levantar de nossas quedas. Quer que o vejamos assim: não como um patrão com quem devemos ajustar contas, mas como o nosso Paizinho, que sempre nos levanta. Na vida, caminhamos tateando, como uma criança que começa a andar, mas cai; dá alguns passos e cai novamente; cai e volta a cair, mas sempre o pai a levanta. A mão que nos levanta sempre é a misericórdia: Deus sabe que, sem misericórdia, ficamos caídos no chão; ora, para caminhar, precisamos ser postos de pé.

Você pode objetar: "Mas eu nunca paro de cair!". O Senhor sabe disso, e está sempre pronto a levantá-lo de novo. Não quer nos ver pensando continuamente em nossas quedas, mas que olhemos para Ele, que, nas quedas, vê filhos a serem levantados; nas misérias, vê filhos a serem amados com misericórdia. Hoje, nesta igreja que se tornou santuário da Misericórdia em Roma, no domingo que São João Paulo II dedicou à Misericórdia Divina há vinte anos, acolhamos confiantemente essa mensagem. A Santa Faustina, disse Jesus: "Eu sou o amor e a misericórdia em pessoa; não há miséria que possa superar a minha misericórdia" (*Diário*, 14/IX/1937). Outra vez, quando a santa confidenciava feliz a Jesus que lhe oferecera toda a sua vida, tudo o que tinha, ouviu Dele uma resposta que a surpreendeu: "Não me ofereceste aquilo que é verdadeiramente teu". Que teria então guardado para si a santa religiosa? Diz-lhe amavelmente Jesus: "Filha, dá-me *a tua miséria*" (*Diário*, 10/X/1937). Podemos, também nós, interrogar-nos: "Dei a minha miséria ao Senhor? Mostrei-lhe as minhas quedas, para que me levante?". Ou há algo que conservo ainda

* Disponível em: <http://www.vatican.va/content/francesco/pt/homilies/2020/documents/papa-francesco_20200419_omelia-divinamisericordia.html>.

dentro de mim? Um pecado, um remorso do passado, uma ferida que trago dentro, rancor contra alguém, mágoa contra uma pessoa em particular... O Senhor espera que levemos a Ele nossas misérias, para nos fazer descobrir sua misericórdia.

Voltemos aos discípulos... Durante a Paixão, tinham abandonado o Senhor e sentiam-se culpados. Mas Jesus, ao encontrá-los, não lhes prega um longo sermão. A eles, que estavam feridos por dentro, mostra suas chagas. Tomé pode tocá-las, e descobre o amor: descobre quanto Jesus sofrera por ele, que o tinha abandonado. Naquelas feridas, toca com as mãos a terna proximidade de Deus. Tomé, que chegara atrasado, quando abraça a misericórdia, ultrapassa os outros discípulos: não acredita só na ressurreição, mas também no amor sem limites de Deus. E faz a profissão de fé mais simples e mais bela: "Meu Senhor e meu Deus!" (Jo 20,28). Eis a ressurreição do discípulo: realiza-se quando sua humanidade, frágil e ferida, entra na de Jesus. Ali dissolvem-se as dúvidas; ali Deus se torna *o meu Deus*; ali recomeça a aceitar-se a si mesmo e a amar a própria vida.

Queridos irmãos e irmãs, na provação que estamos atravessando, também nós, com nossos medos e nossas dúvidas, como Tomé, nos reconhecemos frágeis. Precisamos do Senhor, que, para além de nossas fragilidades, vê em nós uma beleza indelével. Com Ele, descobrimo-nos preciosos em nossas fragilidades. Descobrimos que somos como belíssimos cristais, simultaneamente frágeis e preciosos. E se formos transparentes diante d'Ele como o cristal, sua luz – a luz da misericórdia – brilhará em nós e, por nosso intermédio, no mundo. Eis aqui o motivo para exultarmos "de alegria – como diz a primeira Carta de Pedro –, embora seja necessário que, no momento, [estejamos] por algum tempo aflitos, por causa de várias provações" (1,6).

---

19 de dezembro de 2019

O colete salva-vidas e a cruz nos lembram que devemos manter abertos os olhos e o coração

https://www.vaticannews.va/pt/papa/news/2019-12/papa-francisco-refugiados-cruz-belvedere.html

"Recordamo-nos de que ninguém se salva sozinho, de que só é possível salvar-nos juntos. Por isso, 'a tempestade – dizia eu – desmascara a nossa vulnerabilidade e deixa a descoberto as falsas e supérfluas seguranças com que construímos os nossos programas, os nossos projetos, os nossos hábitos e prioridades. (...) Com a tempestade, caiu o disfarce dos estereótipos com que mascaramos o nosso 'eu' sempre preocupado com a própria imagem; e ficou evidente, uma vez mais, esta (abençoada) pertença comum, à qual não podemos nos subtrair: a pertença como irmãos.'"

(Carta enc. *Fratelli tutti*, n. 32). [1]

Nesta festa da Divina Misericórdia, o anúncio mais encantador chega através do discípulo mais atrasado. Faltava somente ele, Tomé. Mas o Senhor esperou por ele. A misericórdia não abandona quem fica para trás. Agora, enquanto pensamos numa recuperação lenta e fadigosa da pandemia, é precisamente este perigo que se insinua: esquecer quem ficou para trás. O risco é que nos atinja um vírus ainda pior: o da *indiferença egoísta*, transmitido a partir da ideia de que a vida melhora se vai melhor para mim, de que tudo correrá bem se correr bem para mim. Começando daqui, chega-se a selecionar as pessoas, a descartar os pobres, a imolar no altar do progresso quem fica para trás. Esta pandemia, porém, lembra-nos que não há diferenças nem fronteiras entre aqueles que sofrem. Somos todos frágeis, todos iguais, todos preciosos. Oxalá mexa conosco, profundamente, o que está acontecendo: é tempo de remover as desigualdades, de *sanar a injustiça* que mina pela raiz a saúde da humanidade inteira! Aprendamos com a comunidade cristã primitiva, que recebera misericórdia e praticava misericórdia, como descreve o livro dos Atos dos Apóstolos: os crentes "possuíam tudo em comum; vendiam suas propriedades e seus bens e repartiam o dinheiro entre todos, conforme a necessidade de cada um" (At 2,44-45). Isso não é ideologia; é cristianismo.

Naquela comunidade, depois da ressurreição de Jesus, apenas um ficara para trás e os outros esperaram por ele. Hoje parece dar-se o contrário: uma pequena parte da humanidade avançou, enquanto a maioria ficou para trás. E alguém poderia dizer: "São problemas complexos, não cabe a mim cuidar dos necessitados; outros devem pensar neles". Depois de encontrar Jesus, Santa Faustina escreveu: "Numa alma sofredora, devemos ver Jesus Crucificado, e não um parasita, nem um fardo... [Senhor], dais-nos a possibilidade de nos exercitarmos nas obras de misericórdia, e nós nos exercitamos nas murmurações" (*Diário*, 6/IX/1937). Mas, um dia, ela própria se lamentou com Jesus dizendo que, para ser misericordiosa, passava por ingênua: "Senhor, muitas vezes abusam da minha bondade". E Jesus retorquiu: "Não importa, minha filha! Não te preocupes! Sê tu sempre misericordiosa para com todos" (*Diário*, 24/XII/1937). Para com todos: não pensemos só nos nossos interesses, nos interesses parciais. Aproveitemos esta prova como uma oportunidade para preparar o amanhã de todos, sem descartar ninguém. De todos. Porque, sem uma visão de conjunto, não haverá futuro para ninguém.

Hoje, o amor desarmado e convincente de Jesus ressuscita o coração do discípulo. Também nós, como o apóstolo Tomé, acolhamos a misericórdia, que é a salvação do mundo. E usemos de misericórdia para com os mais frágeis: só assim reconstruiremos um mundo novo.

Videomensagem por ocasião
da Vigília de Pentecostes, organizada pela CHARIS

30 de maio de 2020*

Quando chegou o dia de Pentecostes, os discípulos estavam todos reunidos no mesmo lugar. Assim começa o segundo capítulo do livro dos Atos dos Apóstolos, que acabamos de ouvir. Também hoje, graças aos progressos técnicos, estamos reunidos, crentes de várias partes do mundo, na véspera de Pentecostes.

A narração continua: "De repente, veio do céu um ruído como de um vento forte, que encheu toda a casa em que se encontravam. Apareceram então línguas como de fogo, que se repartiram e pousaram sobre cada um deles. Todos ficaram repletos do Espírito Santo" (vv. 2-4).

O Espírito pousa sobre cada um dos discípulos, sobre cada um de nós. O Espírito prometido por Jesus vem para renovar, converter, purificar cada um de nós. Vem para curar nossos medos – quantos medos temos! –, nossas inseguranças; vem para sarar nossas chagas, as feridas que também nós causamos uns aos outros; e vem para nos transformar em discípulos, discípulos missionários, testemunhas cheias de coragem, de *parrésia* apostólica, que são necessários para a pregação do Evangelho de Jesus, como lemos nos versículos seguintes que aconteceu com os discípulos.

Hoje, mais do que nunca, precisamos que o Pai nos envie o Espírito Santo. No primeiro capítulo dos Atos dos Apóstolos, Jesus diz a seus discípulos: "esperai a realização da promessa do Pai, da qual me ouvistes falar, quando eu disse: 'João batizou com água; vós, porém, dentro de poucos dias, sereis batizados com o Espírito Santo'" (v. 4). E, no versículo 8, diz: "Espírito Santo que virá sobre vós e sereis minhas testemunhas em Jerusalém, em toda a Judeia e na Samaria, até os confins da terra".

* Disponível em: <http://www.vatican.va/content/francesco/pt/events/event.dir.html/content/vaticanevents/pt/2020/5/30/videomessaggio-charis.html>.

Testemunho de Jesus. O Espírito Santo nos leva a esse testemunho. Hoje o mundo sofre, está ferido; vivemos num mundo muito ferido, que sofre, sobretudo nos mais pobres, que são descartados; quando todas as nossas seguranças humanas desapareceram, o mundo tem necessidade de que lhe ofereçamos Jesus. Precisa de nosso testemunho do Evangelho, do Evangelho de Jesus. Só podemos dar esse testemunho com a força do Espírito Santo.

Temos necessidade de que o Espírito nos dê novos olhos, abra nossa mente e nosso coração para enfrentar este momento e o futuro com a lição aprendida: somos uma só humanidade. Não nos salvamos sozinhos. Ninguém se salva sozinho. Ninguém! Na Carta aos Gálatas, São Paulo diz: "Não há mais judeu ou grego, escravo ou livre, homem ou mulher, pois todos vós sois um só, em Cristo Jesus" (cf. 3,28), unidos pelo poder do Espírito Santo. Através deste batismo do Espírito Santo que Jesus anuncia. Sabemos disso, mas esta pandemia que vivemos no-lo fez experimentar de maneira muito mais dramática.

Temos à nossa frente o dever de construir uma realidade nova. É o Senhor que o fará; podemos colaborar: "Eis que faço novas todas as coisas", diz (Ap 21,5).

Quando sairmos desta pandemia, não poderemos continuar a fazer o que fazíamos, nem como fazíamos. Não, tudo será diferente! Todo sofrimento terá sido inútil, se não construirmos entre todos uma sociedade mais justa, mais equitativa, mais cristã, não de nome, mas na realidade, uma realidade que nos conduza a uma conduta cristã. Se não trabalharmos para acabar com a pandemia da pobreza no mundo, com a pandemia da pobreza no país de cada um de nós, na cidade onde cada um de nós vive, este tempo terá sido vão.

Das grandes provações da humanidade, e entre elas da pandemia, sai-se melhor ou pior. Não se sai igual.

Pergunto-lhes: como vocês querem sair, melhores ou piores? E é por isso que hoje nos abrimos ao Espírito Santo, a fim de que Ele possa transformar nosso coração e nos ajude a sair melhores.

Se não vivermos para ser julgados segundo o que Jesus nos diz: "pois eu estava com fome, e me destes de comer; estava com sede, e me destes de beber; eu era forasteiro, e me recebestes em casa" (cf. Mt 25,35-36), não sairemos melhores.

E essa tarefa cabe a todos, a todos nós. E também a vocês de Charis, que são todos os carismáticos unidos.

O terceiro documento de Malines, escrito nos anos 70 pelo cardeal Suenens e pelo bispo Hélder Câmara, intitulado: *Renovação Carismática e serviço ao homem,* indica esse caminho para a corrente da graça. Sejam fiéis a este apelo do Espírito Santo!

Agora me vêm à mente as palavras proféticas de João XXIII, quando anuncia o Concílio Vaticano II, e que a Renovação Carismática valoriza de modo especial: "Digne-se o Espírito Divino ouvir da forma mais consoladora a oração que a Ele ascende de todos os recantos da terra.

Que Ele renove em nosso tempo os prodígios, como que de um novo Pentecostes, e conceda que a Santa Igreja, permanecendo unânime em oração com Maria, Mãe de Jesus, e sob a guia de Pedro, dilate o Reino do Divino Salvador, Reino de verdade e de justiça, Reino de amor e de paz".

Nesta Vigília, desejo a todos vocês a consolação do Espírito Santo. E a força do Espírito Santo, para sair deste momento de dor, tristeza e provação que é a pandemia; para sair dela melhores.

O Senhor os abençoe e a Virgem Mãe os ampare!

Carta aos sacerdotes da Diocese de Roma

Solenidade de Pentecostes

31 de maio de 2020*

Amados irmãos!

Neste tempo de Páscoa, eu pensava em me encontrar com vocês e celebrarmos juntos a Missa crismal. Uma vez que uma celebração de caráter diocesano não é possível, escrevo-lhes esta carta. A nova fase que iniciamos nos pede sabedoria, clarividência e compromisso comum, para que todos os esforços e sacrifícios feitos até agora não sejam inúteis.

Durante este tempo de pandemia, muitos de vocês partilharam comigo, por *e-mail* ou por telefone, o significado desta situação imprevista e desconcertante. Assim, sem poder sair nem ter contato direto, vocês permitiram que eu soubesse "de primeira mão" o que estavam experimentando. Essa partilha alimentou minha oração, em muitos casos para agradecer o testemunho corajoso e generoso que recebia de vocês; noutros, foi a súplica e a intercessão confiante no Senhor, que sempre estende sua mão (cf. Mt 14,31). Embora fosse necessário manter o distanciamento social, isso não impediu de reforçar o sentimento de pertença, de comunhão e de missão que nos ajudou a garantir que a caridade não fosse posta em quarentena, especialmente para com as pessoas e comunidades mais desfavorecidas. Nesses diálogos sinceros, pude constatar que a distância necessária não era sinônimo de fuga, nem de fechamento em si mesmo que anestesia, adormece e apaga a missão.

Encorajado por esses intercâmbios, escrevo-lhes porque quero estar mais próximo de vocês, para acompanhar, partilhar e confirmar o caminho de cada um. A esperança depende também de nós e exige que nos ajudemos uns aos outros a mantê-la viva e ativa; aquela esperança contagiosa que é cultivada e reforçada no encontro com os outros e que, como dom e tarefa, nos é dada para construir a nova "normalidade" que tanto desejamos.

Escrevo-lhes olhando para a primeira comunidade apostólica, que viveu também momentos de confinamento, isolamento, medo e incerteza. Passaram cinquenta dias entre a imobilidade, o fechamento e o anúncio incipiente que iria mudar para sempre sua vida. Os discípulos tinham fechado as portas do lugar onde estavam, por medo dos judeus. Jesus veio e "pôs-se no meio deles.

---

* Disponível em: <http://www.vatican.va/content/francesco/pt/letters/2020/documents/papa-francesco_20200531_lettera-sacerdoti.html>.

Disse: 'A paz esteja convosco'. Dito isso, mostrou-lhes as mãos e o lado. Os discípulos, então, se alegraram por ver o Senhor. Jesus disse, de novo: 'A paz esteja convosco. Como o Pai me enviou, eu também vos envio'. Dito isso, soprou sobre eles e falou: 'Recebei o Espírito Santo'" (Jo 20,19-22). Também nós nos deixemos surpreender!

"(...) os discípulos estavam reunidos, com as portas trancadas por medo dos judeus" (Jo 20,19).

Tanto hoje como ontem, sentimos que "as alegrias e as esperanças, as tristezas e as angústias dos homens de hoje, sobretudo dos pobres e de todos os que sofrem, são também as alegrias e as esperanças, as tristezas e as angústias dos discípulos de Cristo e nada existe de verdadeiramente humano que não encontre eco em seu coração" (*Gaudium et spes*, 1).[1] Como conhecemos bem tudo isso! Todos nós ouvimos os números e as percentagens que, dia após dia, nos assaltavam; tocamos com as próprias mãos a dor de nosso povo. Não eram dados distantes: as estatísticas tinham nomes, rostos, histórias partilhadas. Como comunidade sacerdotal, não estávamos alheios a essa realidade e não a víamos pela janela; encharcados pela tempestade que enfurecia, vocês se esforçaram para estar presentes e acompanhar suas comunidades: viram o lobo que chegava e não fugiram nem abandonaram o rebanho (cf. Jo 10,12-13).

Sofremos a súbita perda de familiares, vizinhos, amigos, paroquianos, confessores, pontos de referência de nossa fé. Vimos os rostos desconsolados daqueles que não puderam acompanhar e dizer adeus a seus entes queridos em suas últimas horas. Vimos o sofrimento e a impotência dos profissionais de saúde que, exaustos, se consumiram em intermináveis dias de trabalho, preocupados em atender a tantas urgências. Todos sentimos a insegurança e o medo dos trabalhadores e voluntários que se expunham diariamente para garantir a prestação de serviços essenciais; e também para acompanhar e cuidar daqueles que, devido a sua exclusão e vulnerabilidade, sofriam ainda mais com as consequências desta pandemia. Ouvimos e vimos as dificuldades e inconvenientes do confinamento social: a solidão e o isolamento, especialmente dos idosos; a ansiedade, a angústia e o sentimento de não proteção diante da incerteza do emprego e da habitação; a violência e o desgaste nas relações. O medo ancestral do contágio voltou a atingir duramente. Partilhamos também as preocupações angustiantes de famílias inteiras, que não sabem o que vão pôr na mesa na próxima semana.

Experimentamos nossa própria vulnerabilidade e impotência. Tal como o forno testa os vasos do oleiro, também nós fomos postos à prova (cf. Eclo 27,5). Desnorteados por tudo o que acontecia, sentimos de forma amplificada a precariedade de nossa vida e de nossos compromissos apostólicos. A imprevisibilidade da situação pôs em evidência nossa incapacidade de viver e de enfrentar o desconhecido, com aquilo que não podemos governar ou controlar e, como todos, sentimo-nos confusos, assustados, indefesos. Vivemos também esta raiva saudável e necessária que nos exorta a não abaixar os braços perante a injustiça e nos recorda que fomos sonhados para a Vida. Como Nicodemos, à noite, surpreendidos porque "O vento sopra aonde quer e ouves a sua voz, mas não sabes de onde vem, nem para onde vai", perguntamo-nos: "'Como pode isso acontecer?' Jesus respondeu: 'Tu és mestre de Israel e não conheces estas coisas?'" (cf. Jo 3, 8-10).

A complexidade do que tínhamos de enfrentar não tolerava receitas nem respostas de manuais; exigia muito mais do que exortações fáceis ou discursos edificantes, incapazes de criar raízes e de assumir conscientemente tudo o que a vida concreta exigia de nós. A dor de nosso povo nos feriu, suas incertezas nos atingiram, nossa fragilidade comum nos despojou de qualquer falsa complacência idealista ou espiritualista, bem como de toda tentativa de fuga puritana. Ninguém é alheio a tudo o que acontece. Podemos dizer que *vivemos comunitariamente a hora do pranto do Senhor:* choramos diante do túmulo do amigo Lázaro (cf. Jo 11,35), perante o fechamento de seu povo (cf. Lc 13,14; 19,41), na noite escura do Getsêmani (cf. Mc 14,32-42; Lc 22,44). *É também a hora do pranto do discípulo* perante o mistério da Cruz e do mal que atinge muitos inocentes. É o choro amargo de Pedro depois da negação (cf. Lc 22,62) e de Maria Madalena diante do sepulcro (cf. Jo 20,11).

Sabemos que, nessas circunstâncias, não é fácil encontrar o caminho a seguir, nem faltarão vozes para dizer tudo o que poderia ter sido feito em face de tal realidade desconhecida. As habituais formas de nos relacionarmos, organizarmos, celebrarmos, rezarmos, convocarmos e até enfrentarmos conflitos foram alteradas e desafiadas por uma presença invisível, que transformou nossa vida quotidiana em adversidade. Não se trata apenas de um dado individual, familiar, de determinado grupo social ou de um país. As caraterísticas do vírus fazem desaparecer as lógicas com que estávamos acostumados a dividir ou classificar a realidade. A pandemia não conhece adjetivos, não conhece fronteiras e ninguém pode pensar em escapar impune. Somos todos atingidos e envolvidos.

Foi posta em questão a narrativa de uma sociedade de profilaxia, imperturbável e sempre pronta para o consumo indefinido, revelando a falta de imunidade cultural e espiritual diante dos conflitos. Uma série de questões e problemas antigos e novos (que muitas regiões consideravam ultrapassados e algo do passado) ocupou o horizonte e a atenção. Perguntas que ficarão sem uma resposta unicamente com a reabertura das diversas atividades; pelo contrário, será indispensável desenvolver uma escuta atenta mas cheia de esperança, serena mas tenaz, constante mas não ansiosa, que possa preparar e facilitar o caminho que o Senhor nos chama a percorrer (cf. Mc 1,2-3). Sabemos que, da tribulação e das experiências dolorosas, não saímos como antes. Temos de estar vigilantes e atentos. O próprio Senhor, em sua hora crucial, orou por isto: "Não rogo que os tires do mundo, mas que os guardes do Maligno" (Jo 17,15). Pessoal e comunitariamente expostos e atingidos em nossa vulnerabilidade e fragilidade, e em nossas limitações, corremos o grave risco de nos retirarmos e de "remoermos" a desolação que a pandemia nos apresenta, bem como de nos exasperarmos num otimismo ilimitado, incapazes de aceitar a dimensão real dos acontecimentos.

As horas de tribulação põem em questão nossa capacidade de discernimento para descobrir quais são as tentações que ameaçam aprisionar-nos numa atmosfera de perplexidade e confusão, para depois nos deixar cair num caos que impedirá as nossas comunidades de promover a nova vida que o Senhor Ressuscitado quer nos conceder. Há muitas tentações, típicas desta época, que podem nos cegar e nos fazer cultivar certos sentimentos e atitudes que não permitem ter esperança para estimular nossa criatividade, nosso engenho e nossa capacidade de resposta: querer assumir honestamente a gravidade da situação, mas procurar resolvê-la apenas com atividades de substituição ou paliativas, esperando que tudo volte ao "normal", ignorando as feridas profundas e o número de pessoas que faleceram; e permanecer imersos em certa nostalgia paralisante do passado recente que nos faz dizer "nada voltará a ser como antes" e nos torna incapazes de convidar os outros a sonhar e a desenvolver novos caminhos e novos estilos de vida.

"Jesus entrou e pôs-se no meio deles. Disse: 'A paz esteja convosco'. Dito isso, mostrou-lhes as mãos e o lado. Os discípulos, então, se alegraram por ver o Senhor. Jesus disse, de novo: 'A paz esteja convosco'" (Jo 20,19-21).

O Senhor não escolheu nem procurou uma situação ideal para entrar na vida de seus discípulos. Certamente teríamos preferido que tudo o que aconteceu não tivesse ocorrido, mas aconteceu; e, assim como os discípulos de Emaús, também nós podemos continuar a murmurar com tristeza pelo caminho (cf. Lc 24,13-21). Ao aparecer no Cenáculo com as portas fechadas, no meio do isolamento, do medo e da insegurança em que viviam, o Senhor foi capaz de transformar toda a lógica e de dar um novo sentido à história e aos acontecimentos. Qualquer tempo é adequado para a proclamação da paz, nenhuma circunstância está desprovida de sua graça. Sua presença no meio do confinamento e das ausências forçadas anuncia, tanto para os discípulos de ontem como para nós hoje, um novo dia capaz de questionar a imobilidade e a resignação, e de mobilizar todos os dons ao serviço da comunidade. Com sua presença, o confinamento se tornou fecundo, dando vida à nova comunidade apostólica.

Digamo-lo com confiança e sem medo: "Onde, porém, aumentou o pecado, superabundou a graça" (Rm 5,20). Não temamos os cenários complexos em que vivemos, porque neles, entre nós, está o Senhor; Deus fez sempre o milagre de produzir bons frutos (cf. Jo 15,5). A alegria cristã nasce precisamente dessa certeza. No meio das contradições e incompreensões que temos de enfrentar todos os dias, esmagados e até atordoados por tantas palavras e conexões, esconde-se a voz do Ressuscitado que nos diz: "A paz seja convosco!".

É consolador ler o Evangelho e contemplar Jesus no meio de seu povo, enquanto Ele acolhe e abraça a vida e as pessoas à medida que se apresentam. Seus gestos dão corpo ao bonito cântico de Maria: "dispersou os soberbos nos pensamentos de seu coração. Depôs os poderosos de seus tronos e exaltou os de condição humilde" (Lc 1,51-52). Ele próprio ofereceu suas mãos e seu lado ferido como forma de ressurreição. Ele não esconde nem dissimula suas feridas; pelo contrário, convida Tomé a tocar com a mão e a perceber como um lado ferido pode ser fonte da Vida em abundância (cf. Jo 20,27-29).

Em várias ocasiões, como acompanhador espiritual, pude testemunhar que "a pessoa que, vendo as coisas como realmente estão, se deixa transpassar pela aflição e chora em seu coração, é capaz de alcançar as profundezas da vida e ser autenticamente feliz. Essa pessoa é consolada, mas com a consolação de Jesus, e não do mundo. Assim pode ter a coragem de compartilhar o sofrimento alheio, e deixa de fugir das situações dolorosas. Dessa forma, descobre que a vida tem sentido socorrendo o outro em sua aflição, compreendendo a angústia alheia, aliviando os outros. Essa pessoa sente que o outro é carne de sua carne, não teme aproximar-se até tocar sua ferida, compadece-se até sentir que as distâncias são superadas. Assim, é possível acolher aquela exortação de São Paulo: "(...) chorai com os que choram" (Rm 12,15). Saber chorar com os outros: isso é santidade" (Exortação Apostólica *Gaudete et exsultate*, 76).

"'Como o Pai me enviou, eu também vos envio'. Dito isso, soprou sobre eles e falou: 'Recebei o Espírito Santo'" (Jo 20,21-22).

Caros irmãos, como comunidade sacerdotal somos chamados a anunciar e profetizar o futuro, como a sentinela ao anunciar a aurora que traz um novo dia (cf. Is 21,11): ou será algo novo, ou será mais, muito mais e pior do que o habitual. A ressurreição não é apenas um acontecimento histórico do passado a ser recordado e celebrado; é mais, muito mais: é o anúncio da salvação de um novo tempo que ressoa e que já começa hoje: "já estão despontando: ainda não percebeis?" (Is 43,19); é o *ad-vir* que o Senhor nos chama a construir. A fé nos possibilita uma imaginação realista e criativa, capaz de abandonar a lógica da repetição, da substituição ou da conservação; convida-nos a instaurar um tempo sempre novo: o tempo do Senhor. Se uma presença invisível, silenciosa, expansiva e viral nos colocou em crise e nos perturbou, que esta outra Presença discreta, respeitosa e não intrusa nos chame novamente e nos ensine a não ter medo de enfrentar a realidade. Se uma presença impalpável foi capaz de perturbar e subverter as prioridades e as agendas globais aparentemente inamovíveis, que tanto sufocam e devastam nossas comunidades e nossa irmã Terra, não temamos que seja a presença do Ressuscitado a traçar nosso caminho, a abrir horizontes e a nos dar a coragem de viver este momento histórico e único. Um grupo de homens temerosos conseguiu iniciar uma nova corrente, uma proclamação viva do Deus conosco. Não temam! "A força do testemunho dos santos consiste em viver as bem-aventuranças e a regra de comportamento do juízo final".[3]

Deixemo-nos surpreender mais uma vez pelo Ressuscitado. Que de seu lado ferido Ele seja sinal de quão dura e injusta é a realidade que nos exorta a não virarmos as costas à dura e difícil realidade de nossos irmãos. Que Ele nos ensine a acompanhar, curar e enfaixar as feridas de nosso povo, não com medo, mas com a audácia e a prodigalidade evangélica da multiplicação dos pães (cf. Mt 14,15-21); com a coragem, a preocupação e a responsabilidade do samaritano (cf. Lc 10,33-35); com a alegria e a festa do pastor pela ovelha reencontrada (cf. Lc 15,4-6); com o abraço reconciliador do pai que conhece o perdão (cf. Lc 15,20); com a piedade, a doçura e a ternura de Maria de Betânia (cf. Jo 12,1-3); com a mansidão, a paciência e a inteligência dos discípulos missionários do Senhor (cf. Mt 10,16-23). Que as mãos chagadas do Ressuscitado consolem nossas tristezas, elevem nossa esperança e nos impulsionem a procurar o Reino de Deus para além de nossos refúgios habituais. Deixemo-nos surpreender inclusive por nosso povo fiel e simples, muitas vezes provado e dilacerado, mas também visitado pela misericórdia do Senhor. Que esse povo nos ensine a plasmar e temperar nosso coração de pastor com mansidão e compaixão, com a humildade e a magnanimidade da resistência ativa, solidária, paciente e corajosa, que não permanece indiferente, mas nega e desmascara qualquer ceticismo e fatalismo. Quanto devemos aprender da força do povo fiel de Deus, que encontra sempre uma forma de socorrer e acompanhar todos os que caíram! A ressurreição é o anúncio de que as coisas podem mudar. Deixemos que a Páscoa, que não conhece fronteiras, nos conduza de forma criativa aos lugares onde a esperança e a vida lutam, onde o sofrimento e a dor se tornam um espaço favorável à corrupção e à especulação, onde a agressividade e a violência parecem ser a única saída.

Como presbíteros, filhos e membros de um povo sacerdotal, cabe a nós assumir a responsabilidade pelo futuro e projetá-lo como irmãos. Coloquemos nas mãos feridas do Senhor, como oferta santa, nossa fragilidade, a fragilidade de nosso povo, a fragilidade de toda a humanidade. O Senhor é Aquele que nos transforma, que se serve de nós como pão, carrega nossa vida em suas mãos, abençoa-nos, parte-nos e partilha-nos, oferecendo-nos a seu povo. E deixemo-nos ungir com humildade pelas palavras de Paulo, para que se difundam como óleo perfumado nos diversos recantos de nossa cidade e, assim, despertem a discreta esperança que muitos – tacitamente – conservam no seu coração: "Em tudo somos atribulados, mas não abatidos; postos em apuros, mas não desesperançados; perseguidos, mas não desamparados; derrubados, mas não aniquilados; por toda a parte e sempre levamos em nosso corpo a morte de Jesus, para que também a vida de Jesus se manifeste em nosso corpo" (2Cor 4,8-10). Participemos com Jesus de sua paixão, a nossa paixão, para viver também com Ele a força da ressurreição: a certeza do amor de Deus, capaz de mover as entranhas e de sair às encruzilhadas para anunciar "(...) *o Evangelho aos pobres: enviou-me para proclamar a liberdade aos presos e, aos cegos, a visão; para pôr em liberdade os oprimidos e proclamar um ano do agrado do Senhor*" (cf. Lc 4,18-19), com a alegria de que todos podem participar ativamente com sua dignidade de filhos do Deus vivo.

Tudo isto, que pensei e senti durante este tempo de pandemia, quero partilhá-lo fraternalmente com vocês, para que nos ajude no caminho do louvor ao Senhor e do serviço aos irmãos. Espero que seja útil a todos nós para "amar e servir mais".

Que o Senhor Jesus os abençoe e que a Santíssima Virgem os proteja. E, por favor, peço-lhes que não se esqueçam de rezar por mim!

Fraternalmente,

Francisco

---

[1] CONCÍLIO VATICANO II. Constituição *Gaudium et Spes*. In: SANTA SÉ. *Concílio Ecumênico Vaticano II*: Documentos. Brasília: Edições CNBB, 2018, p. 199-329.

[2] Cf. *Evangelii gaudium*, 226-228.

[3] FRANCISCO. *Exortação Apostólica Gaudete et Exsultate sobre o chamado à santidade no mundo atual.* (Documentos Pontifícios, 33). 3. ed. Brasília: Edições CNBB, 2019, n. 109.

Videomensagem por ocasião da 75ª Assembleia Geral das Nações Unidas

25 de setembro de 2020*

Senhor Presidente,

A paz esteja convosco!

Saúdo calorosamente o Senhor Presidente e todas as delegações que participam desta significativa 75ª Assembleia Geral das Nações Unidas. Em particular, apresento as minhas saudações ao Secretário-geral, Senhor António Guterres, aos chefes de Estado e de governo participantes, e a todos os que estão seguindo o debate geral.

O septuagésimo quinto aniversário da ONU é uma oportunidade para reiterar o desejo da Santa Sé de que essa organização seja um verdadeiro sinal e instrumento de unidade entre os Estados e de serviço a toda a família humana.[1]

Atualmente, nosso mundo está afetado pela pandemia da Covid-19, o que levou à perda de muitas vidas. Essa crise está mudando nosso modo de vida, questionando nossos sistemas econômicos, de saúde e sociais, e expondo nossa fragilidade como criaturas.

Com efeito, a pandemia nos chama "a aproveitar este tempo de prova como *um tempo de decisão* [...]: o tempo de decidir o que conta e o que passa, de separar o que é necessário daquilo que não o é".[2] Pode representar uma oportunidade real para a conversão, a transformação, para repensar nosso modo de vida e nossos sistemas econômicos e sociais, que estão alargando a distância entre pobres e ricos, raiz de uma injusta distribuição dos recursos. Mas também pode ser uma possibilidade para uma "retirada defensiva", com caraterísticas individualistas e elitistas.

Portanto, deparamo-nos com a escolha entre um dos dois caminhos possíveis: um conduz ao fortalecimento do multilateralismo, expressão de uma renovada corresponsabilidade mundial, de uma solidariedade baseada na justiça e no cumprimento da paz e da unidade da família humana, projeto de Deus para o mundo; o outro dá preferência às atitudes de autossuficiência, nacionalismo, protecionismo, individualismo e isolamento, deixando de fora os mais pobres, os mais vulneráveis, os habitantes das periferias existenciais. E certamente será prejudicial para toda a comunidade, causando danos a todos. E isso não deve prevalecer.

* Disponível em: http://www.vatican.va/content/francesco/pt/messages/pont-messages/2020/documents/papa-francesco_20200925_videomessaggio-onu.html

A pandemia pôs em evidência a necessidade urgente de promover a saúde pública e de proporcionar a todas as pessoas o direito aos cuidados médicos básicos.[3] Portanto, renovo o apelo aos responsáveis políticos e ao setor privado, para que tomem as medidas adequadas para assegurar o acesso às vacinas contra a Covid-19 e às tecnologias essenciais necessárias para cuidar dos enfermos. E se alguém deve ser privilegiado, que seja o mais pobre, o mais vulnerável, aquele que normalmente é discriminado, porque não tem poder nem recursos econômicos.

A crise atual também nos mostrou que a solidariedade não pode ser uma palavra nem uma promessa vazias. Mostra-nos também a importância de evitar a tentação de ir além de nossos limites naturais. "A liberdade humana é capaz de limitar a técnica, orientá-la e colocá-la a serviço de outro tipo de progresso, mais saudável, mais humano, mais social, mais integral".[4] Deveríamos ter também em conta todos esses aspectos nos debates sobre a complexa questão da inteligência artificial (IA).

Tendo isso presente, penso também nos efeitos sobre o trabalho, um setor desestabilizado por um mercado de trabalho cada vez mais movido pela incerteza e pela "robotização" generalizada. É particularmente necessário encontrar novas formas de trabalho que sejam verdadeiramente capazes de satisfazer o potencial humano, e que afirmem ao mesmo tempo nossa dignidade. Para assegurar um trabalho digno, é preciso mudar o paradigma econômico predominante, que procura apenas aumentar os lucros das empresas. Oferecer trabalho ao maior número de pessoas deveria ser um dos principais objetivos de cada empresário, um dos critérios para o sucesso da atividade produtiva. O progresso tecnológico é útil e necessário, desde que sirva para tornar o trabalho das pessoas mais digno, mais seguro, menos pesado e cansativo.

E tudo isso exige uma mudança de rumo, e já temos os recursos, os meios culturais e tecnológicos, e a consciência social. Contudo, essa mudança tem necessidade de um marco ético mais forte, capaz de superar a "'cultura do descarte', tão difundida e inconscientemente consolidada".[5]

Na origem dessa cultura do descarte, há uma grande falta de respeito pela dignidade humana, uma promoção ideológica com visões reducionistas da pessoa, uma negação da universalidade de seus direitos fundamentais, e um desejo de poder e controle absolutos que domina a sociedade moderna de hoje. Chamemos-lhe pelo nome: isso é também um atentado contra a humanidade.

Com efeito, é doloroso ver quantos direitos fundamentais continuam a ser violados com impunidade. A lista dessas violações é muito longa e nos dá a terrível imagem de uma humanidade violada, ferida, privada de dignidade, de liberdade e da possibilidade de desenvolvimento. Nessa imagem, os crentes religiosos também continuam sofrendo todo tipo de perseguições, incluindo o genocídio por causa de suas crenças. Entre os crentes religiosos, inclusive os cristãos são vítimas: quantos sofrem em todo o mundo, por vezes forçados a fugir de suas terras ancestrais, isolados de sua rica história e cultura.

Devemos ainda admitir que as crises humanitárias se tornaram o *status quo*, onde os direitos à vida, à liberdade e à segurança pessoal não são garantidos. Efetivamente, os conflitos em todo o mundo mostram que o uso de armas explosivas, especialmente em áreas povoadas, tem um impacto humanitário dramático a longo prazo. Nesse sentido, as armas convencionais estão se tornando cada vez menos "convencionais" e cada vez mais "armas de destruição de massa", arruinando cidades, escolas, hospitais, lugares religiosos e infraestruturas e serviços básicos para a população.

Além disso, muitos se veem obrigados a abandonar suas casas. Com frequência, os refugiados, os migrantes e os deslocados internos nos países de origem, de trânsito e de destino sofrem abandonados, sem oportunidade de melhorar sua situação de vida ou a de suas famílias. Pior ainda, milhares são interceptados no mar e obrigados a voltar para os campos de detenção, onde enfrentam torturas e abusos. Muitos são vítimas de tráfico, de escravatura sexual ou de trabalho forçado, explorados em trabalhos degradantes, sem remuneração justa. Sem dúvida, isso é intolerável, é uma realidade que hoje muitos ignoram intencionalmente!

Os muitos e importantes esforços internacionais para responder a essas crises começam com uma grande promessa, incluindo os dois Pactos Globais sobre Refugiados e para a Migração, mas muitos carecem do apoio político necessário para ser bem-sucedidos. Outros falham, porque os Estados individuais se esquivam a suas responsabilidades e compromissos. Contudo, a crise atual é uma oportunidade: uma oportunidade para a ONU, uma oportunidade para gerar uma sociedade mais fraterna e compassiva.

Isso inclui que se reconsidere o papel das instituições econômicas e financeiras, tais como as de Bretton-Woods, que devem responder ao rápido aumento da desigualdade entre os super-ricos e os permanentemente pobres. Um modelo econômico que promova a subsidiariedade, apoie o desenvolvimento econômico em âmbito local e invista na educação e nas infraestruturas que beneficiem as comunidades locais proporcionará as bases para o sucesso econômico e, ao mesmo tempo, para a renovação da comunidade e da nação em geral. E aqui renovo meu apelo para que, "em consideração das presentes circunstâncias [...] seja permitido a todos os Estados acudir às maiores necessidades do momento atual, reduzindo – se não mesmo perdoando – a dívida que pesa sobre os orçamentos dos mais pobres".[6]

A comunidade internacional deve esforçar-se para pôr fim às injustiças econômicas. "Quando as agências multilaterais de crédito financiam as diferentes nações, é importante ter em conta os altos conceitos de justiça fiscal, os orçamentos públicos responsáveis por seu endividamento e, sobretudo, a promoção efetiva e protagonista dos mais pobres na trama social".[7] Temos a responsabilidade de prestar assistência ao desenvolvimento das nações empobrecidas e alívio da dívida às nações altamente endividadas.[8]

"Uma nova ética significa estar consciente da necessidade de que todos se comprometam a trabalhar em conjunto para fechar paraísos fiscais, impedir a evasão e a lavagem de dinheiro que roubam à sociedade, bem como recordar às nações a importância de defender a justiça e o bem comum acima dos interesses das empresas e multinacionais mais poderosas".[9] Este é o momento propício para renovar a arquitetura financeira internacional.[10]

Senhor Presidente,

Recordo a ocasião que tive há cinco anos de me dirigir à Assembleia Geral em seu septuagésimo aniversário. Minha visita teve lugar num período de multilateralismo verdadeiramente dinâmico, um momento promissor de grande esperança, imediatamente anterior à adoção da Agenda 2030. Alguns meses mais tarde, foi também firmado o Acordo de Paris sobre as Mudanças Climáticas.

No entanto, temos de admitir honestamente que, embora tenham sido alcançados alguns progressos, a pouca capacidade da comunidade internacional de cumprir suas promessas de cinco anos atrás leva-me a reiterar que "devemos evitar qualquer tentação de cair num nominalismo declamatório com efeito tranquilizador sobre as consciências. Devemos ter cuidado com nossas instituições, para que sejam realmente eficazes na luta contra esses flagelos".[11]

Penso também na perigosa situação na Amazônia e em suas populações indígenas. Isso nos lembra que a crise ambiental está indissoluvelmente ligada a uma crise social, e que o cuidado do meio ambiente requer uma abordagem abrangente para combater a pobreza e a exclusão.[12]

É, certamente, um passo positivo que a sensibilidade ecológica integral e o desejo de ação tenham crescido. "Não devemos impor às gerações futuras o fardo de assumir os problemas provocados pelas gerações precedentes. [...] devemos interrogar-nos seriamente se existe a vontade política [...] para mitigar os efeitos negativos das alterações climáticas, bem como para ajudar as populações mais pobres e vulneráveis mais atingidas".[13]

A Santa Sé continuará a desempenhar seu papel. Como sinal concreto de cuidado da nossa casa comum, ratifiquei recentemente a Emenda de Kigali ao Protocolo de Montreal.[14]

Senhor Presidente,

Não podemos deixar de notar as consequências devastadoras da crise da Covid-19 sobre as crianças, abrangendo os menores migrantes e os refugiados não acompanhados. A violência contra as crianças, incluindo o terrível flagelo do abuso infantil e da pornografia, também aumentou dramaticamente.

Além disso, milhões de crianças não podem voltar à escola. Em muitas partes do mundo, essa situação ameaça um aumento do trabalho infantil, a exploração, os maus-tratos e a subalimentação. Infelizmente, os países e as instituições internacionais estão também promovendo o aborto como um dos chamados "serviços essenciais" como resposta humanitária. É triste ver como se tornou simples e conveniente, para alguns, negar a existência da vida como solução para problemas que podem e devem ser resolvidos tanto para a mãe como para a criança não nascida.

Por conseguinte, imploro às autoridades civis que prestem atenção especial às crianças a quem são negados os seus direitos e dignidade fundamentais, em particular o seu direito à vida e à educação. Não posso deixar de recordar o apelo da corajosa jovem Malala Yousafzai, que há cinco anos, na Assembleia Geral, nos recordou que "uma criança, um professor, um livro e uma caneta podem mudar o mundo".

Os primeiros educadores da criança são a mãe e o pai, a família que a Declaração Universal dos Direitos do Homem descreve como "o elemento natural e fundamental da sociedade".[15] Com demasiada frequência, a família é vítima de colonialismos ideológicos que a tornam vulnerável e acabam por provocar em muitos dos seus membros, especialmente os mais indefesos – crianças e idosos –, uma sensação de desenraizamento e orfandade. A desintegração da família ecoa na fragmentação social que impede o compromisso de enfrentar inimigos comuns. É tempo de reavaliar e de nos comprometermos novamente com nossos objetivos.

E um desses objetivos é a promoção da mulher. Este ano completa-se o 25º aniversário da Conferência de Pequim sobre a Mulher. Em todos os níveis da sociedade, as mulheres desempenham um papel importante, com sua contribuição única, assumindo a liderança com grande coragem, a serviço do bem comum. No entanto, muitas mulheres são deixadas para trás: vítimas de escridão, tráfico, violência, exploração e tratamentos degradantes. A elas e a todas as que vivem separadas de suas famílias, expresso minha proximidade fraterna, ao mesmo tempo que reitero uma maior determinação e empenho na luta contra essas práticas perversas, que aviltam não só as mulheres, mas toda a humanidade, que, com seu silêncio e inação efetiva, se torna cúmplice.

Senhor Presidente,

Devemos interrogar-nos se as principais ameaças contra a paz e a segurança, tais como a pobreza, as epidemias e o terrorismo, entre outras, podem ser efetivamente enfrentadas quando a corrida aos armamentos, incluindo as armas nucleares, continua a desperdiçar recursos preciosos que seria melhor utilizar em benefício do desenvolvimento integral dos povos e para proteger o meio ambiente natural.

É necessário acabar com o clima de desconfiança existente. Estamos assistindo a uma erosão do multilateralismo que é ainda mais grave à luz das novas formas de tecnologia militar,[16] tais como os sistemas de armas autônomas letais (Laws), que estão alterando irreversivelmente a natureza da guerra, separando-a ainda mais da ação humana.

Temos de desmantelar as lógicas perversas que atribuem a segurança pessoal e social à posse de armas. Tais lógicas servem apenas para aumentar os lucros da indústria bélica, alimentando um clima de desconfiança e medo entre indivíduos e povos.

Em particular, a "dissuasão nuclear" fomenta um espírito de medo, baseado na ameaça de aniquilação mútua, o que acaba por envenenar as relações entre os povos e obstruir o diálogo.[17]

Por isso é tão importante apoiar os principais instrumentos jurídicos internacionais sobre o desarmamento, a não proliferação e a proibição de armas nucleares. A Santa Sé espera que a próxima Conferência de Revisão do Tratado de Não Proliferação de Armas Nucleares (TNP) resulte em ações concretas, de acordo com nossa intenção conjunta "de conseguir, no menor prazo possível, a cessação da corrida armamentista nuclear e de adotar medidas eficazes tendentes ao desarmamento nuclear".[18]

Além disso, nosso mundo em conflito necessita que a ONU se torne uma oficina de paz cada vez mais eficaz, a qual exige que os membros do Conselho de Segurança, especialmente os Permanentes, atuem com maior unidade e determinação. A esse respeito, a recente adoção do cessar-fogo global durante a presente crise é uma medida muito nobre, que requer a boa vontade de todos para sua implementação contínua. Reitero também a importância de reduzir as sanções internacionais que dificultam que os Estados prestem apoio adequado a suas populações.

Senhor Presidente,

Não saímos de uma crise da mesma maneira: ou saímos melhores ou saímos piores. Portanto, neste momento crítico, nosso dever é *repensar o futuro de nossa casa comum e de nosso projeto comum*. Essa é uma tarefa complexa, que requer honestidade e coerência no diálogo, a fim de melhorar o multilateralismo e a cooperação entre os Estados. Esta crise realça ainda mais os limites de nossa autossuficiência e fragilidade comum, e requer de nós uma posição clara sobre o modo como queremos sair dela: melhores ou piores. Pois – repito – de uma crise não saímos iguais: ou saímos melhores ou piores.

A pandemia nos mostrou que não podemos viver uns sem os outros, ou pior, uns contra os outros. As Nações Unidas foram criadas para unir as nações, para aproximá-las, como uma ponte entre os povos; utilizemo-las para transformar o desafio que enfrentamos numa oportunidade de construir juntos, mais uma vez, o futuro que queremos.

E Deus nos abençoe a todos!

Obrigado, Senhor Presidente!

[1] *Discurso à Assembleia Geral da Onu*, 25 de setembro de 2015; Bento XVI, *Discurso à Assembleia Geral da Onu*, 18 de abril de 2008.

[2] *Momento extraordinário de oração em tempo de epidemia*, 27 de março de 2020.

[3] Cf. *Declaração Universal dos Direitos do Homem*, artigo 25.1.

[4] *Laudato si'*, 112.

[5] *Discurso à Assembleia Geral da Onu*, 25 de setembro de 2015.

[6] *Mensagem Urbi et Orbi*, 12 de abril de 2020.

[7] *Discurso aos participantes no seminário "Novas formas de fraternidade solidária'*, 5 de fevereiro de 2020.

[8] Cf. *ibidem*.

[9] *Ibidem*.

[10] Cf. *ibidem*.

[11] *Discurso à Assembleia Geral da Onu*, 25 de setembro de 2015.

[12] Cf. *Laudato si'*, 139.

[13] *Mensagem aos participantes na XXV sessão da Conferência dos Estados Membros da Convenção-quadro das Nações Unidas sobre as mudanças climáticas*, 1 de dezembro de 2019.

[14] Cf. *Mensagem à XXXI Reunião das Partes do Protocolo de Montreal*, 7 de novembro de 2019.

[15] *Declaração Universal dos Direitos do Homem*, artigo 16.3.

[16] Cf. *Discurso sobre as armas nucleares, no parque do epicentro da bomba atômica*, Nagasaki, 24 de novembro de 2019.

[17] Cf. *ibidem*.

[18] *Tratado de não proliferação das armas nucleares*, Preâmbulo.

Catequeses de quarta-feira | Curar o mundo

Audiências Gerais | 5 de agosto – 30 de setembro 2020

1. Introdução

Biblioteca do Palácio Apostólico

5 de agosto de 2020*

Queridos irmãos e irmãs, bom dia!

A pandemia continua a causar feridas profundas, desmascarando as nossas vulnerabilidades. Há muitos mortos, muitos doentes, em todos os continentes. Muitas pessoas e tantas famílias vivem um tempo de incerteza, devido a problemas socioeconômicos, que atingem especialmente os mais pobres.

Por esse motivo, devemos manter o olhar fixo firmemente em Jesus (cf. Hb 12,2) e, com essa *fé*, abraçar a *esperança* do Reino de Deus, que o próprio Jesus nos traz (cf. Mc 1,5; Mt 4,17; *Catecismo da Igreja Católica*, 2816). Um Reino de cura e salvação, que já está presente entre nós (cf. Lc 10,11). Um Reino de justiça e paz, que se manifesta por meio de obras de *caridade*, que, por sua vez, aumentam a esperança e fortalecem a fé (cf. 1Cor 13,13). Na tradição cristã, *fé, esperança* e *caridade* são muito mais do que sentimentos ou atitudes. São virtudes infundidas em nós pela graça do Espírito Santo:[1] dons que nos curam e nos fazem curar, dons que nos abrem novos horizontes, até quando navegamos nas difíceis águas de nosso tempo.

Um novo encontro com o Evangelho da fé, da esperança e do amor convida-nos a assumir um espírito criativo e renovado. Dessa forma, poderemos transformar as raízes de nossas enfermidades físicas, espirituais e sociais. Poderemos curar profundamente as estruturas injustas e as práticas destrutivas que nos separam uns dos outros, ameaçando a família humana e nosso planeta.

O ministério de Jesus oferece muitos exemplos de cura. Quando cura os que sofrem de febre (cf. Mc 1,29-34), de lepra (cf. Mc 1,40-45), de paralisia (cf. Mc 2,1-12); quando restitui a visão (cf. Mc 8,22-26; Jo 9,1-7), a palavra ou a audição (cf. Mc 7,31-37), na realidade cura não só um mal físico, mas a pessoa inteira. Desse modo, também a restitui, curada, à comunidade; liberta-a de seu isolamento por tê-la curado.

Pensemos na bonita narração da cura do paralítico em Cafarnaum (cf. Mc 2,1-12), que ouvimos no início da audiência. Enquanto Jesus prega na entrada da casa, quatro homens levam um amigo paralítico ao encontro de Jesus; impossibilitados de entrar, porque havia muita gente,

---

* Disponível em: <http://www.vatican.va/content/francesco/pt/audiences/2020/documents/papa-francesco_20200805_udienza-generale.html>.

descobrem o telhado e descem o leito à frente dele, que está pregando. "Vendo a fé que tinham, Jesus disse ao paralítico: 'Filho, os teus pecados estão perdoados'" (v. 5). E depois, como sinal visível, acrescentou: "levanta-te, pega tua maca e vai para tua casa!" (v. 11).

Que maravilhoso exemplo de cura! A ação de Cristo é uma resposta direta à fé daquelas pessoas, à esperança que n'Ele depositam, ao amor que manifestam uns aos outros. E assim Jesus cura, mas não cura simplesmente a paralisia, cura tudo, perdoa os pecados, renova a vida do paralítico e de seus amigos. Faz nascer de novo, digamos assim. Uma cura física e, ao mesmo tempo, espiritual, fruto de um encontro pessoal e social. Imaginemos como essa amizade e a fé de todos os presentes naquela casa cresceram graças ao gesto de Jesus. O encontro de cura com Jesus!

E, assim, perguntemo-nos: como podemos ajudar a curar nosso mundo hoje? Como discípulos do Senhor Jesus, que é médico das almas e dos corpos, somos chamados a continuar "sua obra de cura e salvação"[2] em sentido físico, social e espiritual.

Não obstante a Igreja administre a graça curativa de Cristo através dos sacramentos, e embora preste serviços de saúde nos mais remotos cantos do planeta, ela não é especialista em prevenção, nem em tratamento da pandemia. Também não dá indicações sociopolíticas específicas.[3] Essa é a tarefa dos líderes políticos e sociais. No entanto, ao longo dos séculos, e à luz do Evangelho, a Igreja desenvolveu alguns princípios sociais que são fundamentais,[4] princípios que podem nos ajudar a ir em frente, a preparar o futuro de que necessitamos. Cito os principais, que estão intimamente ligados entre si: o princípio da dignidade da pessoa, o princípio do bem comum, o princípio da opção preferencial pelos pobres, o princípio do destino universal dos bens, o princípio da solidariedade, da subsidiariedade e o princípio do cuidado por nossa casa comum. Esses princípios ajudam os dirigentes, os responsáveis pela sociedade, a promover o crescimento e, inclusive, como neste caso de pandemia, a cura do tecido pessoal e social. Todos esses princípios expressam, de diferentes maneiras, as virtudes da fé, da esperança e do amor.

Nas próximas semanas, convido-os a abordar juntos as questões prementes que a pandemia relevou, especialmente as doenças sociais. E faremos isso à luz do Evangelho, das virtudes teologais e dos princípios da doutrina social da Igreja. Exploraremos juntos o modo como nossa tradição social católica pode ajudar a família humana a curar este mundo que sofre de doenças graves. Desejo que reflitamos e trabalhemos em conjunto, como seguidores de Jesus que cura, para construir um mundo melhor, cheio de esperança para as gerações futuras.[5]

[1] Cf. *Catecismo da Igreja Católica*, 1812-1813.
[2] *Catecismo da Igreja Católica*, 1421.
[3] Cf. S. PAULO VI, carta ap. *Octogesima adveniens*, 4.
[4] Cf. *Compêndio da Doutrina Social da Igreja*, 160-208.
[5] Cf. *Evangelii gaudium*, 183.

2. Fé e dignidade humana

Biblioteca do Palácio Apostólico

12 de agosto de 2020*

Queridos irmãos e irmãs, bom dia!

A pandemia pôs em evidência quão vulneráveis e interligados estamos todos nós. Se não nos preocupamos uns com os outros, a começar pelos últimos, por aqueles que são mais atingidos, incluindo a criação, não podemos curar o mundo.

É digno de louvor o empenho de tantas pessoas que nestes meses estão demonstrando amor humano e cristão pelo próximo, dedicando-se aos doentes a ponto de arriscar a própria saúde. São heróis! No entanto, o coronavírus não é a única doença a combater, mas a pandemia trouxe à luz patologias sociais mais vastas. Uma delas é a visão distorcida da pessoa, um olhar que ignora sua dignidade e sua índole relacional. Por vezes consideramos os outros como objetos, a serem usados e descartados. Na realidade, esse tipo de olhar cega e fomenta uma cultura de descarte individualista e agressiva, que transforma o ser humano em bem de consumo.[1]

Contudo, à luz da fé, sabemos que Deus olha para o homem e para a mulher de outro modo. Ele nos criou não como objetos, mas como pessoas amadas e capazes de amar; criou-nos à sua imagem e semelhança (cf. Gn 1,27). Dessa forma, deu-nos uma dignidade única, convidando-nos a viver em comunhão com Ele, em comunhão com nossas irmãs e irmãos, no respeito a toda a criação. Podemos dizer, em comunhão, em harmonia. A criação é uma harmonia na qual somos chamados a viver. E nessa comunhão, nessa harmonia que é comunhão, Deus nos dá a capacidade de procriar e de preservar a vida (cf. Gn 1,28-29), de trabalhar e cuidar da terra (cf. Gn 2,15; *Laudato si'*, 67). Compreende-se que não podemos procriar nem preservar a vida sem harmonia; seria destruída.

Temos um exemplo desse olhar individualista, daquilo que não é harmonia, nos Evangelhos, no pedido feito a Jesus pela mãe dos discípulos Tiago e João (cf. Mt 20,20-28). Ela gostaria que os seus filhos pudessem sentar-se à direita e à esquerda do novo rei. Mas Jesus propõe outro tipo de visão: a de servir e dar a vida pelos outros, e confirma-a restituindo a vista a dois cegos e fazendo-os seus discípulos (cf. Mt 20,29-34). Procurar subir na vida, ser superior aos outros, destrói a harmonia. É a lógica do domínio, de dominar os demais. A harmonia é outra coisa: é o serviço.

* Disponível em: <http://www.vatican.va/content/francesco/pt/audiences/2020/documents/papa-francesco_20200812_udienza-generale.html>.

Peçamos, portanto, ao Senhor que nos conceda um olhar atento aos irmãos e irmãs, especialmente aos que sofrem. Como discípulos de Jesus, não queremos ser indiferentes ou individualistas. São essas as duas atitudes negativas contra a harmonia. Indiferente: olho para o outro lado. Individualista: considerar apenas o próprio interesse. A harmonia criada por Deus pede que olhemos para os outros, para as necessidades dos demais, para os problemas do próximo, estar em comunhão. Queremos reconhecer em cada pessoa a dignidade humana, qualquer que seja sua raça, língua ou condição. A harmonia faz reconhecer a dignidade humana, aquela harmonia criada por Deus, com o homem no centro.

O Concílio Vaticano II evidencia que essa dignidade é inalienável, porque "foi criada à imagem de Deus".[2] Ela é a base de toda a vida social e determina seus princípios operacionais. Na cultura moderna, a referência mais próxima ao princípio da dignidade inalienável da pessoa é a Declaração Universal dos Direitos do Homem, que São João Paulo II definiu "uma pedra miliária, posta na longa e difícil caminhada do gênero humano"[3] e como "uma das mais altas expressões da consciência humana".[4] Os direitos não são apenas individuais, mas também sociais; são dos povos, das nações.[5] Com efeito, o ser humano, em sua dignidade pessoal, é um ser social, criado à imagem do Deus Uno e Trino. Nós somos seres sociais, precisamos viver nessa harmonia social, porém, quando há egoísmo, nosso olhar não se dirige para os outros, para a comunidade, mas volta-se para nós mesmos e isso nos torna irracionais, maus, egoístas, destruindo a harmonia.

Essa consciência renovada pela dignidade de cada ser humano tem sérias implicações sociais, econômicas e políticas. Olhar para o irmão e para toda a criação como uma dádiva recebida do amor do Pai suscita um comportamento de atenção, cuidado e admiração. Assim, o crente, contemplando o próximo como um irmão, e não como um estranho, olha para ele com compaixão e empatia, não com desprezo ou inimizade. E contemplando o mundo à luz da fé, esforça-se para desenvolver, com a ajuda da graça, sua criatividade e entusiasmo para resolver os dramas da história. Ele concebe e desenvolve suas capacidades como responsabilidades que fluem da fé,[6] como dons de Deus a serem postos a serviço da humanidade e da criação.

Ao trabalharmos todos para curar um vírus que atinge indistintamente todos, a fé nos exorta a comprometer-nos séria e ativamente a contrastar a indiferença perante as violações da dignidade humana. Essa cultura da indiferença que acompanha a cultura do descarte: as coisas que não me dizem respeito não me interessam. A fé exige sempre que nos deixemos curar e converter de nosso individualismo, tanto pessoal como coletivo: por exemplo, um individualismo de partido.

Que o Senhor nos "restitua a vista" para redescobrir o que significa sermos membros da família humana. E que esse olhar se traduza em ações concretas de compaixão e respeito por cada pessoa, e de cuidado e tutela por nossa casa comum.

---

[1] Cf. *Evangelii gaudium*, 53; *Laudato si'*, 22

[2] Const. past. *Gaudium et spes*, 12.

[3] *Discurso à Assembleia Geral das Nações Unidas*, 2 de outubro de 1979, 7.

[4] *Idem*, 5 de outubro de 1995, 2.

[5] Cf. *Compêndio da Doutrina Social da Igreja*, 157.

[6] *Ibidem*.

3. A opção preferencial pelos pobres e a virtude da caridade

Biblioteca do Palácio Apostólico

19 de agosto de 2020*

Queridos irmãos e irmãs, bom dia!

A pandemia acentuou a difícil situação dos pobres e o grande desequilíbrio que reina no mundo. E o vírus, sem excluir ninguém, encontrou grandes desigualdades e discriminações em seu caminho devastador. E as aumentou!

Portanto, a resposta à pandemia é dupla. Por um lado, é essencial encontrar uma cura para um pequeno, mas terrível, vírus que põe o mundo inteiro de joelhos. Por outro, devemos curar um grande vírus, o da injustiça social, da desigualdade de oportunidades, da marginalização e da falta de proteção dos mais frágeis. Nessa dupla resposta de cura, há uma escolha que, segundo o Evangelho, não pode faltar: *é a opção preferencial pelos pobres.*[1] E essa não é uma opção política; nem sequer uma opção ideológica, uma opção de partidos. A opção preferencial pelos pobres está no centro do Evangelho. E quem a fez primeiro foi Jesus; ouvimos isso no trecho da Carta aos Coríntios, lido no início. Ele, sendo rico, fez-se pobre para nos enriquecer. Fez-se um de nós e, por isso, no centro do Evangelho, no centro do anúncio de Jesus, há essa opção.

O próprio Cristo, que é Deus, despojou-se, fazendo-se semelhante aos homens; e não escolheu uma vida de privilégio, mas escolheu a condição de servo (cf. Fl 2,6-7). Aniquilou-se a si mesmo, fazendo-se servo. Nasceu em uma família humilde e trabalhou como artesão. No início de sua pregação, anunciou que, no Reino de Deus, os pobres são bem-aventurados (cf. Mt 5,3; Lc 6,20; *Evangelii gaudium*, 197). Estava no meio dos doentes, dos pobres e dos excluídos, mostrando-lhes o amor misericordioso de Deus.[2] E muitas vezes foi julgado como homem impuro, porque cuidava dos doentes, dos leprosos, que, segundo a lei da época, eram impuros. E Ele correu riscos por estar próximo dos pobres.

Por essa razão, os seguidores de Jesus são reconhecidos por sua proximidade aos pobres, aos pequeninos, aos doentes, aos presos, aos excluídos, aos esquecidos, a todos que não têm comida nem roupa (cf. Mt 25,31-36; *Catecismo da Igreja Católica*, 2443). Podemos ler aquele famoso parâmetro sobre o qual todos seremos julgados, todos seremos julgados. É Mateus, capítulo 25.

---

* Disponível em: <http://www.vatican.va/content/francesco/pt/audiences/2020/documents/papa-francesco_20200819_udienza-generale.html>.

Esse é um *critério-chave de autenticidade cristã* (cf. Gl 2,10; *Evangelii gaudium*, 195). Alguns pensam erroneamente que esse amor preferencial pelos pobres é uma tarefa para poucos, mas na realidade é a missão de toda a Igreja, dizia São João Paulo II.[3] "Cada cristão e cada comunidade são chamados a ser instrumentos de Deus para a libertação e promoção dos pobres" (*EG*, 187).

A fé, a esperança e o amor nos impulsionam necessariamente para essa preferência pelos mais necessitados (cf. Congregação para a Doutrina da Fé, *Instrução sobre alguns aspectos da "Teologia da Libertação"*, [1984], cap. V), que vai além da assistência necessária (cf. *EG*, 198). Trata-se de caminhar juntos, deixando-se evangelizar por eles, que conhecem bem Cristo sofredor, deixando-nos "contagiar" por sua experiência de salvação, sabedoria e criatividade (cf. *ibid.*). Partilhar com os pobres significa enriquecer-se uns aos outros. E, se existem estruturas sociais doentes, que os impedem de sonhar com o futuro, devemos trabalhar em conjunto, para curá-las, para mudá-las (cf. *ibid.*, 195). A isso conduz o amor de Cristo, que nos amou até o extremo (cf. Jo 13,1) e chega inclusive aos confins, às margens, às fronteiras existenciais. Trazer as periferias para o centro significa centrar nossas vidas em Cristo, que "se fez pobre" por nós, a fim de nos enriquecer "por sua pobreza" (2Cor 8,9).[4]

Estamos todos preocupados com as consequências sociais da pandemia. Todos. Muitos querem regressar à normalidade e retomar as atividades econômicas. É claro, mas essa "normalidade" não deve incluir injustiça social e degradação ambiental. A pandemia é uma crise, e não se sai iguais de uma crise: ou saímos melhores ou saímos piores. Nós deveríamos sair melhores, para resolver as injustiças sociais e a degradação ambiental. Hoje temos uma oportunidade de construir algo diferente. Por exemplo, podemos fazer crescer uma economia de desenvolvimento integral dos pobres, e não de assistencialismo. Com isso não pretendo condenar a assistência, as obras de assistência são importantes. Pensemos no voluntariado, que é uma das estruturas mais bonitas que a Igreja italiana possui. Mas devemos ir além e resolver os problemas que nos estimulam a fazer assistência. Uma economia que não recorra a remédios que na realidade envenenam a sociedade, tais como rendimentos dissociados da criação de empregos dignos.[5] Esse tipo de lucro é dissociado da economia real, aquela que deveria beneficiar as pessoas comuns,[6] e é também, por vezes, indiferente aos danos infligidos à casa comum. A opção preferencial pelos pobres, esta necessidade ética e social que vem do amor de Deus,[7] nos dá o estímulo para pensar e conceber uma economia na qual as pessoas, especialmente as mais pobres, estejam no centro. E também nos encoraja a projetar o tratamento do vírus, privilegiando quem tem mais necessidade. Seria triste se, na vacina contra a Covid-19, fosse dada a prioridade aos mais ricos! Seria triste se essa vacina se tornasse propriedade desta ou daquela nação, e não fosse universal e para todos. E que escândalo seria se toda a assistência econômica que estamos observando – a maior parte dela com dinheiro público – se concentrasse no resgate das indústrias que não contribuem para a inclusão dos excluídos, para a promoção dos últimos, para o bem comum ou para o cuidado da criação.[8] Há critérios para escolher quais serão as indústrias que devem ser ajudadas: as que contribuem para a inclusão dos excluídos, para a promoção dos últimos, para o bem comum e para o cuidado da criação. Quatro critérios.

Se o vírus voltar a se intensificar num mundo injusto em relação aos pobres e aos vulneráveis, devemos mudar este mundo. A exemplo de Jesus, o médico do amor divino integral, isto é, da cura física, social e espiritual (cf. Jo 5,6-9) – como era a cura que Jesus fazia –, devemos agir, agora, para curar as epidemias causadas por pequenos vírus invisíveis, e para curar as que são provocadas pelas grandes e visíveis injustiças sociais. Proponho que isso seja feito a partir do amor de Deus, colocando as periferias no centro e os últimos em primeiro lugar. Não esqueçamos aquele parâmetro sobre o qual seremos julgados (Mateus, capítulo 25). Ponhamo-lo em prática nesta retomada da epidemia. E a partir desse amor concreto, ancorado na esperança e fundado na fé, será possível um mundo mais saudável. Caso contrário, sairemos piores da crise. Que o Senhor nos ajude, nos conceda a força para sair melhores, respondendo às necessidades do mundo de hoje.

[1] Cf. *Evangelii gaudium*, 195.

[2] Cf. *Catecismo da Igreja Católica*, 2444.

[3] Cf. *Carta enc. Sollicitudo rei socialis*, 42.

[4] Cf. Bento XVI, *Discurso inaugural da V Conferência Geral do Episcopado Latino-americano e do Caribe* [13 de maio de 2007], 3

[5] Cf. *Evangelii gaudium*, 204.

[6] Cf. *Laudato si'*, 109.

[7] Cf. *ibidem*, 158.

[8] *Ibid.*

4. O destino universal dos bens e a virtude da esperança

Biblioteca do Palácio Apostólico

26 de agosto de 2020*

Queridos irmãos e irmãs, bom dia!

Perante a pandemia e suas consequências sociais, muitos correm o risco de perder a esperança. Neste tempo de incerteza e angústia, convido todos a aceitarem o dom da *esperança* que vem de Cristo. É Ele que nos ajuda a navegar nas águas tumultuosas da doença, da morte e da injustiça, que não têm a última palavra sobre nosso destino final.

A pandemia pôs em evidência e agravou os problemas sociais, especialmente a desigualdade. Alguns podem trabalhar de casa, enquanto para muitos outros isso é impossível. Algumas crianças, apesar das dificuldades, podem continuar a receber uma educação escolar, enquanto para muitas outras houve uma brusca interrupção. Algumas nações poderosas podem emitir moeda para enfrentar a emergência, enquanto para outras isso significaria hipotecar o futuro.

Esses sintomas de desigualdade revelam uma doença social; é um vírus que provém de uma economia doente. Devemos dizê-lo simplesmente: a economia está doente. Adoeceu. É o resultado de um crescimento econômico iníquo – esta é a doença: o fruto de um crescimento econômico iníquo –, que prescinde dos valores humanos fundamentais. No mundo de hoje, muito poucas pessoas ricas possuem mais do que o resto da humanidade. Repito isso porque nos fará refletir: poucos riquíssimos, um pequeno grupo, possuem mais que o resto da humanidade. Essa é pura estatística. É uma injustiça que clama aos céus! Ao mesmo tempo, esse modelo econômico é indiferente aos danos infligidos à casa comum. Não cuida da casa comum. Estamos a ponto de superar muitos dos limites de nosso maravilhoso planeta, com consequências graves e irreversíveis: desde a perda de biodiversidade e alterações climáticas ao aumento do nível dos mares e à destruição das florestas tropicais. A desigualdade social e a degradação ambiental andam de mãos dadas e têm a mesma raiz:[1] a do pecado de querer possuir, de querer dominar os irmãos e irmãs, de pretender possuir e dominar a natureza e o próprio Deus. Mas esse não é o desígnio da criação.

"No princípio, Deus confiou a terra e seus recursos à gestão comum da humanidade, para que dela cuidasse."[2] Deus nos pediu que dominássemos a terra em seu nome (cf. Gn 1,28),

* Disponível em: <http://www.vatican.va/content/francesco/ot/audiences/2020/documents/papa-francesco_20200826_udienza-generale.html>.

cultivando-a e cuidando dela como se fosse um jardim, o jardim de todos (cf. Gn 2,15). "Enquanto 'cultivar' quer dizer lavrar ou trabalhar [...] 'guardar' significa proteger..., preservar".[3] Mas atenção a não interpretar isso como uma carta branca para fazer da terra aquilo que se quer. Não. Existe "uma relação responsável de reciprocidade"[4] entre nós e a natureza. Uma relação de reciprocidade responsável entre nós e a natureza. Recebemos da criação e damos por nossa vez. "Cada comunidade pode tomar da bondade da terra aquilo de que necessita para sua sobrevivência, mas tem também o dever de protegê-la".[5] Ambas as partes.

De fato, a terra "nos precede e nos foi dada",[6] foi dada por Deus "a toda a humanidade".[7] Por isso, é nosso dever assegurar que seus frutos cheguem a todos, não apenas a alguns. Esse é um elemento-chave de nossa relação com os bens terrenos. Como recordaram os padres do Concílio Vaticano II, "quem usa desses bens não deve considerar as coisas exteriores que legitimamente possui só como próprias, mas também como comuns, no sentido de que possam beneficiar não só a si, mas também aos outros".[8] De fato, "a propriedade de um bem faz de seu detentor um administrador da Providência de Deus, com a obrigação de fazê-lo frutificar e de comunicar seus benefícios aos outros".[9] Nós somos administradores dos bens, não donos. Administradores. "Sim, mas o bem é meu". É verdade, é seu, mas para administrá-lo, não para possuí-lo egoisticamente.

Para assegurar que o que possuímos seja um valor para a comunidade, "a autoridade política tem o direito e o dever de regular, em função do bem comum".[10] A "subordinação da propriedade privada ao *destino universal dos bens* [...] é uma 'regra de ouro' do comportamento social, e o primeiro princípio de toda a ordem ético-social".[11]

As propriedades, o dinheiro são instrumentos que podem servir para a missão. Mas transformamo-los facilmente em fins individuais ou coletivos. E quando isso acontece, são minados os valores humanos essenciais. O *homo sapiens* se deforma e se torna uma espécie de *homo oeconomicus* – num sentido menor – individualista, calculista e dominador. Esquecemos que, sendo criados à imagem e semelhança de Deus, somos seres sociais, criativos e solidários, com imensa capacidade de amar. Com frequência esquecemo-nos disso. De fato, somos os seres mais cooperadores entre todas as espécies, e florescemos em comunidade, como se pode ver na experiência dos santos. Há um ditado espanhol que me inspirou essa frase, que reza assim: Florescemos en racimo, como los santos. *Florescemos em comunidade, como se vê na experiência dos santos.*

Quando a obsessão de possuir e dominar exclui milhões de pessoas dos bens primários, quando a desigualdade econômica e tecnológica é tal que dilacera o tecido social e quando a dependência do progresso material ilimitado ameaça a casa comum, então não podemos ficar olhando de braços cruzados. Não, isso é desolador. Não podemos ficar olhando! Com os olhos fixos em Jesus (cf. Hb 12,2) e com a certeza de que seu amor opera através da comunidade de seus discípulos, devemos agir em conjunto na esperança de gerar algo diferente e melhor. A esperança cristã, enraizada em Deus, é nossa âncora. Sustenta a vontade de partilhar, fortalecendo nossa missão como discípulos de Cristo, que partilhou tudo conosco.

Isso foi compreendido pelas primeiras comunidades cristãs, que, como nós, viveram tempos difíceis. Conscientes de formar um só coração e uma só alma, punham todos os seus bens em comum, dando testemunho da abundante graça de Cristo sobre eles (cf. At 4,32-35). Nós estamos vivendo uma crise. A pandemia pôs-nos todos em crise. Mas recordem-se: de uma crise, não se pode sair iguais, ou saímos melhores ou saímos piores. Eis nossa opção. Depois da crise, continuaremos com este sistema econômico de injustiça social e de desprezo pelo cuidado do meio ambiente, da criação, da casa comum? Pensemos nisso. Que as comunidades cristãs do século XXI recuperem esta realidade – o cuidado da criação e a justiça social caminham juntas – dando, assim, testemunho da ressurreição do Senhor. Se cuidarmos dos bens que o Criador nos concede, se partilharmos o que possuímos para que não falte nada a ninguém, então de fato poderemos inspirar esperança para regenerar um mundo mais saudável e mais justo.

E para terminar, pensemos nas crianças. Leiam as estatísticas: quantas crianças, hoje, morrem de fome devido à má distribuição das riquezas, a um sistema econômico como disse acima; e quantas crianças, hoje, não têm direito à escolarização, pelo mesmo motivo. Que esta imagem, das crianças necessitadas, com fome e com falta de escolarização, nos ajude a compreender que desta crise devemos sair melhores. Obrigado.

[1] Cf. *Laudato si'*, 101.

[2] *Catecismo da Igreja Católica*, 2402.

[3] *Laudato si'*, 67.

[4] *Ibidem.*

[5] *Ibidem.*

[6] *Ibidem.*

[7] *Catecismo da Igreja Católica*, 2402.

[8] *Gaudium et spes*, 69.

[9] *Catecismo da Igreja Católica*, 2404.

[10] *Ibidem*, 2406; cf. *Gaudium et spes* 71; SÃO JOÃO PAULO II, *Sollicitudo rei socialis*, 42; carta enc. *Centesimus annus*, 40.48.

[11] *Laudato si'*, 93; cf. SÃO JOÃO PAULO II, carta enc. *Laborem exercens*, 19.

5. A solidariedade e a virtude da fé

Pátio São Dâmaso

2 de setembro de 2020*

Queridos irmãos e irmãs, bom dia!

Depois de tantos meses retomamos nosso encontro direto, e já não através do monitor. Direto. Isso é bom! A atual pandemia pôs em evidência nossa interdependência: estamos todos ligados uns aos outros, tanto no mal como no bem. Por conseguinte, para sairmos melhores desta crise, devemos fazê-lo juntos, não sozinhos, juntos. Não sozinhos, porque não se pode! Ou juntos ou não é possível. Temos de fazê-lo em conjunto, todos nós, em *solidariedade*. Gostaria de sublinhar hoje esta palavra: *solidariedade*.

Como família humana, temos uma origem comum em Deus; vivemos numa casa comum, o planeta-jardim, a terra em que Deus nos colocou; e temos um destino comum em Cristo. Mas quando esquecemos tudo isso, nossa *interdependência* se torna a *dependência* de uns em relação aos outros – perdemos esta harmonia da interdependência na solidariedade –, aumentando a desigualdade e a marginalização; o tecido social se debilita e o meio ambiente se deteriora. É sempre o mesmo modo de agir.

Portanto, hoje *o princípio de solidariedade* é mais necessário do que nunca, como ensinou São João Paulo II.[1] Num mundo interligado, experimentamos o que significa viver na mesma "aldeia global". Essa expressão é bonita: o grande mundo nada mais é do que uma aldeia global, porque tudo está interligado. Mas nem sempre transformamos essa interdependência em solidariedade. Há um longo caminho entre a *interdependência* e a *solidariedade*. Ao contrário, o egoísmo – individual, nacional e de grupos de poder – e a rigidez ideológica alimentam "estruturas de pecado".[2]

"Embora um pouco desgastada e, por vezes, até mal interpretada, a palavra "solidariedade" significa muito mais do que algumas ações esporádicas de generosidade. É mais! Supõe a criação de uma nova mentalidade que pense em termos de comunidade, de prioridade da vida de todos sobre a apropriação dos bens por parte de alguns".[3] Isso significa *solidariedade*. Não é apenas questão de ajudar os outros – é bom fazer isso, mas é mais do que isso –, trata-se de justiça.[4] Para ser solidária e dar frutos, a interdependência precisa de raízes fortes no humano e na natureza criada por Deus, precisa de respeito pelos rostos e pela Terra.

---

* Disponível em: <http://www.vatican.va/content/francesco/pt/audiences/2020/documents/papa-francesco_20200902_udienza-generale.html>.

A Bíblia nos admoesta desde o início. Pensemos na narração da torre de Babel (cf. Gn 11,1-9), que descreve o que acontece quando procuramos alcançar o céu – a nossa meta – ignorando a ligação com o humano, com a criação e com o Criador. É um modo de dizer: isso acontece todas as vezes que alguém quer subir, subir sem ter os outros em consideração. Só eu! Pensemos na torre. Construímos torres e arranha-céus, mas destruímos a comunidade. Unificamos edifícios e línguas, mas mortificamos a riqueza cultural. Queremos ser senhores da Terra, mas arruinamos a biodiversidade e o equilíbrio ecológico. Falei-lhes, em outra audiência, sobre aqueles pescadores de San Benedetto del Tronto, que este ano vieram e me disseram: "Tiramos 24 toneladas de lixo do mar, metade do qual era plástico". Refleti! Eles têm o espírito para pescar, mas também para tirar o lixo e para limpar o mar. Mas isso [a poluição] é arruinar a terra, não ser solidário com a terra, que é um dom, e para com o equilíbrio ecológico.

Lembro-me de um conto medieval que descreve esta "síndrome de Babel", que é quando não existe solidariedade. Essa narração medieval conta que, durante a construção da torre, quando um homem caía – eram escravos – e morria, ninguém dizia nada, no máximo diziam: "pobre homem, errou e caiu". Ao contrário, se caísse um tijolo, todos se queixavam. E se alguém fosse culpado, era punido. Por quê? Porque um tijolo era difícil de fazer, de preparar, de cozer. Eram necessários tempo e trabalho para fabricar um tijolo. Um tijolo valia mais do que a vida humana. Cada um de nós pense no que acontece hoje. Infelizmente, ainda hoje pode acontecer algo semelhante. Algumas ações do mercado financeiro caem – vimos nos jornais estes dias – e as notícias aparecem em todas as agências. Milhares de pessoas morrem de fome, de miséria, e ninguém fala sobre isso.

O Pentecostes está diametralmente oposto a Babel, ouvimos no início da audiência (cf. At 2,1-3). Descendo do alto como vento e fogo, o Espírito Santo investe a comunidade fechada no cenáculo, infunde-lhe o poder de Deus, impele-a a sair e a proclamar o Senhor Jesus a todos. O Espírito cria unidade na diversidade, cria harmonia. Na narração da torre de Babel, não havia harmonia; havia aquele ir em frente para ganhar. Ali o homem era um mero instrumento, uma simples "força de trabalho", mas aqui, no Pentecostes, cada um de nós é um instrumento, mas um instrumento comunitário que participa inteiramente na construção da comunidade. São Francisco de Assis conhecia bem isso e, animado pelo Espírito, dava a todas as pessoas, aliás, a todas as criaturas, o nome de irmão ou irmã.[5] Recordemos também o irmão lobo.

No Pentecostes, Deus se faz presente e inspira a *fé* da comunidade *unida na diversidade e na solidariedade.* Diversidade e solidariedade unidas em harmonia, esse é o caminho. Uma diversidade solidária possui os "anticorpos" para que a singularidade de cada um – que é um dom, único e irrepetível – não adoeça de individualismo, de egoísmo. A diversidade solidária também possui os anticorpos para curar estruturas e processos sociais que degeneraram em sistemas de injustiça, em sistemas de opressão.[6] Portanto, hoje a solidariedade é o caminho a percorrer rumo a um mundo pós-pandemia, para a cura de nossas doenças interpessoais e sociais. Não há outro. Ou seguimos o caminho da solidariedade ou a situação vai piorar. Quero repetir: não se sai de uma crise da mesma forma que antes. A pandemia é uma crise. De uma crise só se sai melhores ou piores. Temos de escolher. E a solidariedade é precisamente um caminho para sairmos melhores da crise, não com mudanças superficiais, com uma pincelada, e tudo está bem. Não, melhores!

No meio da crise, uma *solidariedade* guiada pela *fé* nos permite traduzir o amor de Deus em nossa cultura globalizada, não construindo torres nem muros – e quantos muros estão sendo construídos hoje – que dividem, mas depois desmoronam, mas tecendo comunidades e apoiando processos de crescimento verdadeiramente humano e sólido. E nisso ajuda a solidariedade. Faço uma pergunta: penso nas necessidades dos outros? Cada qual responda em seu coração.

No meio de crises e tempestades, o Senhor nos interpela e convida a despertar e a ativar essa solidariedade capaz de conferir solidez, apoio e um sentido a estas horas em que tudo parece naufragar. A criatividade do Espírito Santo nos encoraje a gerar novas formas de hospitalidade familiar, fraternidade fecunda e solidariedade universal. Obrigado.

[1]   Cf. carta enc. *Sollicitudo rei socialis*, 38-40

[2]   *Ibidem*, 36.

[3]   Cf. *Evangelii gaudium*, 188.

[4]   Cf. *Catecismo da Igreja Católica*, 1938-1940.

[5]   Cf. *Laudato si'*, 11; São Boaventura, *Legenda maior*, VIII, 6: *Fontes franciscanas*, 1145.

[6]   Cf. *Compêndio da Doutrina Social da Igreja*, 192.

6. Amor e bem comum

Pátio São Dâmaso

9 de setembro de 2020*

Queridos irmãos e irmãs, bom dia!

A crise que estamos vivendo devido à pandemia atinge todos; podemos sair dela melhores, se todos juntos procurarmos o *bem comum*; caso contrário, sairemos piores. Infelizmente, estamos assistindo ao surgimento de interesses de parte. Por exemplo, há quem deseje apropriar-se de possíveis soluções, como no caso das vacinas, e depois vendê-las aos outros. Algumas pessoas se aproveitam da situação para fomentar divisões: para procurar vantagens econômicas ou políticas, gerando ou aumentando os conflitos. Outros simplesmente não se importam com o sofrimento dos outros, passam adiante e seguem seu caminho (cf. Lc 10,30-32). São os devotos de Pôncio Pilatos: lavam as mãos.

A resposta cristã à pandemia e às consequentes crises socioeconômicas baseia-se no *amor*; antes de tudo, no amor de Deus, que sempre nos precede (cf. 1Jo 4,19). Ele nos ama primeiro, precede-nos sempre no amor e nas soluções. Ele nos ama incondicionalmente, e quando aceitamos esse amor divino, então podemos responder de forma semelhante. Amo não só aqueles que me amam: minha família, meus amigos, meu grupo, mas também aqueles que não me amam; amo inclusive os que não me conhecem, amo também os que são estrangeiros, e até aqueles que me fazem sofrer ou que considero inimigos (cf. Mt 5,44). Essa é a sabedoria cristã, esta é a atitude de Jesus. E o ponto mais elevado da santidade, digamos assim, é amar os inimigos, e não é fácil. Certamente, amar todos, inclusive os inimigos, é difícil – diria que é uma arte! Mas é uma arte que pode ser aprendida e melhorada. O verdadeiro amor, que nos torna fecundos e livres, é sempre expansivo e inclusivo. Esse amor cuida, cura e faz bem. Muitas vezes faz melhor uma carícia do que muitas argumentações, uma carícia de perdão, e não muitas palavras de defesa. É o amor inclusivo que cura.

Portanto, o *amor* não se limita às relações entre duas ou três pessoas, amigos, ou família, vai além. Inclui as relações cívicas e políticas,[1] incluindo a relação com a natureza.[2] Dado que somos seres sociais e políticos, uma das mais altas expressões de amor é precisamente o amor social e político, que é decisivo para o desenvolvimento humano e para enfrentar qualquer tipo de crise.[3]

* Disponível em: <http://www.vatican.va/content/francesco/pt/audiences/2020/documents/papa-francesco_20200909_udienza-generale.html>.

Sabemos que o amor fecunda famílias e amizades; mas é bom lembrar que também fecunda relações sociais, culturais, econômicas e políticas, permitindo-nos construir uma "civilização do amor", como gostava de dizer São Paulo VI[4] e, na esteira, São João Paulo II. Sem essa inspiração, a cultura do egoísmo, da indiferença, do descarte, prevalece, ou seja, descartar aquilo de que não gosto, o que não posso amar ou aqueles que, em minha opinião, são inúteis na sociedade. Hoje, na entrada, um casal me disse: "reze por nós, porque temos um filho deficiente". Perguntei: "quantos anos tem?". "Tantos." "E o que vocês fazem?" "Nós o acompanhamos, o ajudamos." Uma vida inteira dos pais para aquele filho deficiente. Isso é amor. E os inimigos, os adversários políticos, em nossa opinião, parecem ser deficientes políticos e sociais, como parecem! Só Deus sabe se o são ou não. Mas nós devemos amá-los, devemos dialogar, devemos construir esta civilização do amor, esta civilização política, social, da unidade de toda a humanidade. Tudo isso é o oposto de guerras, divisões, invejas, até das guerras em família. O amor inclusivo é social, é familiar, é político: o amor permeia tudo!

O coronavírus nos mostra que o verdadeiro bem para cada um é um bem comum, não só individual e, vice-versa, o bem comum é um verdadeiro bem para a pessoa.[5] Se alguém procura apenas o próprio bem, é um egoísta. Ao contrário, a pessoa é mais pessoa quando abre o próprio bem a todos, o partilha. A saúde não é apenas individual, mas também um bem público. Uma sociedade saudável é aquela que cuida da saúde de todos.

Um vírus que não conhece barreiras, fronteiras, distinções culturais nem políticas deve ser enfrentado com um *amor* sem barreiras, fronteiras nem distinções. Esse amor pode gerar estruturas sociais que nos encorajam a partilhar, em vez de competir, que nos permitem incluir os mais vulneráveis, em vez de descartá-los, e que nos ajudam a expressar o melhor de nossa natureza humana, e não o pior. O verdadeiro amor não conhece a cultura do descarte, não sabe o que é isso. De fato, quando amamos e geramos criatividade, quando geramos confiança e solidariedade, então emergem iniciativas concretas para o bem comum.[6] E isso é verdade tanto no âmbito de pequenas e grandes comunidades como em âmbito internacional. Aquilo que se faz em família, no bairro, no campo, na grande cidade e internacionalmente é o mesmo: é a mesma semente que cresce e dá fruto. Se você, em família, no bairro, começar com a inveja, com a luta, no final haverá a "guerra". Ao contrário, se começar com o amor, a partilhar o amor, o perdão, então haverá o amor e o perdão para todos.

Pelo contrário, se as soluções para a pandemia tiverem a marca do egoísmo, quer de pessoas, empresas ou nações, talvez consigamos sair do coronavírus, mas certamente não da crise humana e social que o vírus evidenciou e acentuou. Portanto, prestem atenção para não construir sobre a areia (cf. Mt 7,21-27)! Para construir uma sociedade saudável, inclusiva, justa e pacífica, temos de fazê-lo sobre a rocha do bem comum.[7] O bem comum é uma rocha. E essa é a tarefa de todos nós, não apenas de alguns especialistas. São Tomás de Aquino disse que a promoção do bem comum é um dever de justiça que recai sobre todos os cidadãos. Cada cidadão é responsável pelo bem comum. E, para os cristãos, é também uma missão. Como ensina Santo Inácio de Loyola, orientar nossos esforços diários para o bem comum é uma forma de receber e difundir a glória de Deus.

Infelizmente, a política muitas vezes não goza de boa reputação, e nós sabemos por quê. Isso não significa que todos os políticos são maus; não, não pretendo dizer isso. Digo apenas que, infelizmente, a política, com frequência, não goza de boa fama. Contudo, não devemos nos resignar a essa visão negativa, mas reagir, demonstrando com fatos, que uma boa política é possível, aliás, indispensável:[8] aquela que coloca no centro a pessoa humana e o bem comum. Se vocês lerem a história da humanidade, encontrarão muitos políticos santos, que percorreram esse caminho. É possível na medida em que cada cidadão e, em particular, aqueles que assumem compromissos e encargos sociais e políticos, enraízam suas ações em princípios éticos e as animam com amor social e político. Os cristãos, especialmente os fiéis leigos, são chamados a dar bom testemunho disso e podem fazê-lo através da virtude da caridade, cultivando sua intrínseca dimensão social.

Por conseguinte, chegou o momento de incrementar nosso amor social – desejo frisar isto: nosso amor social – contribuindo todos, a começar por nossa pequenez. O bem comum requer a participação de todos. Se cada um contribuir com sua parte, e se ninguém for excluído, podemos regenerar boas relações em âmbito comunitário, nacional e internacional, e também em harmonia com o meio ambiente.[9] Assim, em nossos gestos, mesmo nos mais humildes, se tornará visível algo da imagem de Deus que temos dentro de nós, porque Deus é Trindade, Deus é Amor. Essa é a definição mais bonita de Deus na Bíblia, e nos foi oferecida pelo apóstolo João, que amava tanto Jesus: Deus é amor. Com sua ajuda, podemos *curar o mundo* trabalhando juntos para o bem comum, não só para o próprio bem, mas para o *bem comum*, de todos.

[1] Cf. *Catecismo da Igreja Católica*, 1907-1912.

[2] *Laudato si'*, 231.

[3] *Ibidem*, 231.

[4] *Mensagem para o Décimo Dia Mundial da Paz*, 1 de janeiro de 1977.

[5] Cf. *Catecismo da Igreja Católica*, 1905-1906.

[6] Cf. S. João Paulo II, *Sollicitudo rei socialis*, 38.

[7] *Ibidem*, 10.

[8] Cf. *Mensagem para o Dia Mundial da Paz*, 1º de Janeiro de 2019.

[9] Cf. *Laudato si'*, 236.

7. Cuidado da casa comum e atitude contemplativa

Pátio São Dâmaso

16 de setembro de 2020*

Queridos irmãos e irmãs, bom dia!

Para sair de uma pandemia, é preciso cuidar-se e cuidar uns dos outros. E devemos apoiar aqueles que cuidam dos mais frágeis, dos doentes e dos idosos. Há o hábito de deixar os idosos de lado, de abandoná-los: isso é mau. Essas pessoas – bem definidas pelo termo espanhol *cuidadores*, aqueles que cuidam dos doentes – desempenham um papel essencial na sociedade atual, mesmo que muitas vezes não recebam o reconhecimento nem a remuneração que merecem. Cuidar é uma regra de ouro de nossa condição humana, e traz consigo saúde e esperança.[1] Cuidar dos doentes, dos necessitados, dos abandonados: essa é uma riqueza humana e também cristã.

Devemos, igualmente, dirigir esse cuidado a nossa casa comum: à terra e a cada criatura. Todas as formas de vida estão interligadas,[2] e nossa saúde depende da saúde dos ecossistemas que Deus criou e dos quais Ele nos encarregou de cuidar (cf. Gn 2,15). Por outro lado, abusar deles é um pecado grave, que prejudica, é prejudicial e nos deixa doentes.[3] O melhor antídoto contra esse mau uso de nossa casa comum é a contemplação.[4] Mas por quê? Não há vacina para isso, para o cuidado da casa comum, para não pô-la de lado? Qual é o antídoto contra a doença de não tomar conta da casa comum? É a contemplação. "Quando não se aprende a parar, a fim de admirar e apreciar o que é belo, não surpreende que tudo se transforme em objeto de uso e abuso sem escrúpulos".[5] Também no que diz respeito ao "descartável". No entanto, nossa casa comum, a criação, não é um mero "recurso". As criaturas têm um valor em si mesmas e "refletem, cada uma à sua maneira, um raio da infinita sabedoria e bondade de Deus".[6] Esse valor e esse raio de luz divina devem ser descobertos e, para descobri-los, precisamos estar em silêncio, precisamos ouvir, e precisamos contemplar. Também a contemplação cura a alma.

Sem contemplação, é fácil cair num antropocentrismo desequilibrado e soberbo, o "Eu" no centro de tudo, que sobredimensiona nosso papel como seres humanos, posicionando-nos como dominadores absolutos de todas as outras criaturas. Uma interpretação distorcida dos textos bíblicos sobre a criação contribuiu para essa má interpretação, que leva à exploração da terra a

---

* Disponível em: <http://www.vatican.va/content/francesco/pt/audiences/2020/documents/papa-francesco_20200916_udienza-generale.html>.

ponto de sufocá-la. Exploração da criação: esse é o pecado. Julgamos que estamos no centro, pretendendo ocupar o lugar de Deus e, assim, arruinamos a harmonia da criação, a harmonia do desígnio de Deus. Tornamo-nos predadores, esquecendo nossa vocação como guardiões da vida. Certamente, podemos e devemos trabalhar a terra para viver e nos desenvolver. Mas trabalho não é sinônimo de exploração, e está sempre acompanhado de cuidado: lavrar e proteger, trabalhar e cuidar... Essa é a nossa missão (cf. Gn 2,15). Não podemos pretender continuar a crescer, em âmbito material, sem cuidarmos da casa comum que nos acolhe. Nossos irmãos e irmãs mais pobres e nossa mãe terra gemem pelos danos e injustiças que causamos e reclamam outro rumo. Reclamam de nós uma conversão, uma mudança de rumo: cuidar também da terra, da criação.

É, pois, importante recuperar a dimensão contemplativa, ou seja, olhar para a terra, para a criação como um dom, e não como algo a ser explorado para fins lucrativos. Quando contemplamos, descobrimos nos outros e na natureza algo muito maior do que sua utilidade. Eis o cerne do problema: contemplar é ir além da utilidade de uma coisa. Contemplar a beleza não significa explorá-la: contemplar é gratuidade. Descobrimos o valor intrínseco das coisas que lhes foi dado por Deus. Como muitos mestres espirituais nos ensinaram, o céu, a terra, o mar, cada criatura possui esta capacidade icônica, esta capacidade mística de nos reconduzir ao Criador e à comunhão com a criação. Por exemplo, Santo Inácio de Loyola, no final dos seus *Exercícios espirituais*, convida-nos a "Contemplar para chegar ao amor", ou seja, a considerar como Deus olha para suas criaturas e a alegrar-nos com elas; a descobrir a presença de Deus em suas criaturas e, com liberdade e graça, amá-las e cuidar delas.

A contemplação, que nos leva a uma atitude de cuidado, não significa olhar para a natureza de fora, como se não estivéssemos imersos nela. Mas estamos dentro da natureza, somos parte dela. Pelo contrário, partimos do interior, reconhecendo-nos como parte da criação, tornando-nos protagonistas, e não meros espetadores de uma realidade amorfa, apenas a ser explorada. Aqueles que contemplam dessa forma sentem-se maravilhados não só pelo que veem, mas também porque se sentem parte integrante dessa beleza; e inclusive se sentem chamados a preservá-la, a protegê-la. E há uma coisa que não devemos esquecer: quem não sabe contemplar a natureza e a criação, não sabe contemplar as pessoas na sua riqueza. E quem vive para explorar a natureza, acaba por explorar as pessoas e tratá-las como escravas. Esta é uma lei universal: se não se sabe contemplar a natureza, será muito difícil saber contemplar as pessoas, a beleza das pessoas, o irmão, a irmã.

Quem sabe contemplar, mais facilmente se porá em ação para mudar o que produz degradação e danos à saúde. Comprometer-se-á a educar e promover novos hábitos de produção e consumo, a contribuir para um novo modelo de crescimento econômico, que garanta o respeito pela casa comum e o respeito pelas pessoas. O contemplativo em ação tende a tornar-se o guardião do meio ambiente: isso é muito bom! Cada um de nós deve ser guardião do meio ambiente, da pureza do meio ambiente, procurando conjugar saberes ancestrais de culturas milenares com novos conhecimentos técnicos, de modo a que nosso estilo de vida seja sempre sustentável.

Por fim, *contemplar e cuidar*: essas são duas atitudes que mostram o caminho para corrigir e reequilibrar nossa relação como seres humanos com a criação. Muitas vezes, nossa relação com a criação parece ser uma relação entre inimigos: destruir a criação em meu benefício; explorar a criação em meu proveito. Não esqueçamos que isso se paga caro; não esqueçamos aquele ditado espanhol: "Deus perdoa sempre; nós perdoamos de vez em quando; a natureza nunca perdoa". Hoje estava lendo no jornal sobre aqueles dois grandes glaciares na Antártida, perto do mar de Amundsen: eles estão prestes a desabar. Será terrível, porque o nível do mar subirá e isso causará muitas, muitas dificuldades e muito mal. E por quê? Por causa do superaquecimento, por não se cuidar do ambiente, por não se cuidar da casa comum. Por outro lado, quando tivermos esta relação – deixem-me dizer a palavra – "fraterna", no sentido figurado, com a criação, nos tornaremos guardiões da casa comum, guardiões da vida e guardiões da esperança, preservaremos o patrimônio que Deus nos confiou para que as gerações futuras possam desfrutá-lo. E alguns podem dizer: "Mas eu me safo dessa maneira". Mas o problema não é como você se safa hoje – isso foi dito por um teólogo alemão, protestante, competente: Bonhoeffer –, o problema não é como você se livra hoje; o problema é: qual será a herança, a vida da geração futura? Pensemos nos filhos, nos netos: o que deixaremos para eles se explorarmos a criação? Protejamos este caminho para nos tornarmos "guardiões" da casa comum, guardiões da vida e da esperança. Preservemos o patrimônio que Deus nos confiou, para que as gerações futuras possam usufruir dele. Penso de modo especial nos povos indígenas, com os quais todos nós temos uma dívida de gratidão – até de penitência, para reparar o mal que lhes fizemos. Pesno também nos movimentos, associações, grupos populares, que estão comprometidos a tutelar o próprio território com seus valores naturais e culturais. Essas realidades sociais nem sempre são apreciadas, por vezes são até impedidas, porque não produzem dinheiro; mas, na realidade, contribuem para uma revolução pacífica, que poderíamos chamar de "revolução do cuidado". Contemplar para cuidar, contemplar para salvaguardar, preservar a nós, à criação, a nossos filhos, a nossos netos, e tutelar o futuro. Contemplar para cuidar e para preservar, e deixar uma herança à futura geração.

Não se deve, contudo, delegar a alguns: aquilo que é tarefa de cada ser humano. Cada um de nós pode e deve tornar-se um "guardião da casa comum", capaz de louvar a Deus por suas criaturas, de contemplar as criaturas e de protegê-las.

1 Cf. *Laudato si'*, 70.
2 Cf. *ibidem*, 137-138.
3 Cf. *Laudato si'* 8; 66.
4 Cf. *ibid.*, 85; 214.
5 *Ibid.*, 215.
6 *Catecismo da Igreja Católica*, 339.

8. Subsidiariedade e virtude da esperança

Pátio São Dâmaso
23 de setembro de 2020*

Queridos irmãos e irmãs,

parece que o tempo não está muito bom, mas digo-lhes bom dia de qualquer forma!

Para sairmos melhores de uma crise como a atual, que é uma crise de saúde e, ao mesmo tempo, uma crise social, política e econômica, cada um de nós é chamado a assumir sua parte de responsabilidade, isto é, a partilhar as responsabilidades. Devemos responder não só como indivíduos, mas também a partir do próprio grupo de pertença, do papel que desempenhamos na sociedade, de nossos princípios e, se formos crentes, de nossa fé em Deus. Contudo, às vezes muitas pessoas não podem participar da reconstrução do bem comum porque são marginalizadas, excluídas ou ignoradas; certos grupos sociais são incapazes de contribuir, porque são econômica ou politicamente asfixiados. Em algumas sociedades, muitas pessoas não são livres para expressar sua fé, seus valores e suas ideias: se o fizerem, vão para a prisão. Em outros lugares, especialmente no mundo ocidental, muitas reprimem as próprias convicções éticas ou religiosas. Mas assim não se pode sair da crise, ou, contudo, não podemos sair melhores. Sairemos piores.

Para que todos nós possamos participar do cuidado e da regeneração de nossos povos, é justo que todos disponham dos recursos adequados para tanto.[1] Após a grande depressão econômica de 1929, o Papa Pio XI explicou a importância do *princípio de subsidiariedade* para uma verdadeira reconstrução.[2] Esse princípio tem um duplo dinamismo: de cima para baixo e de baixo para cima. Talvez não compreendamos o que isso significa, mas é um princípio social que nos torna mais unidos.

Por um lado, especialmente em tempos de mudança, quando indivíduos, famílias, pequenas associações ou comunidades locais são incapazes de alcançar os objetivos primários, então é justo que os níveis mais elevados do corpo social, como o Estado, intervenham, a fim de oferecer os recursos necessários para prosseguir. Por exemplo, devido ao *lockdown* causado pelo coronavírus, muitas pessoas, famílias e atividades econômicas encontraram-se, e ainda se encontram, em sérias dificuldades, pelo que as instituições públicas procuram ajudar com apropriadas intervenções sociais, econômicas e sanitárias: essa é sua função, é o que devem fazer.

* Disponível em: <http://www.vatican.va/content/francesco/pt/audiences/2020/documents/papa-francesco_20200923_udienza-generale.html>.

Mas, por outro lado, os vértices da sociedade devem respeitar e promover níveis intermédios ou menores. Com efeito, é decisiva a contribuição de indivíduos, famílias, associações, empresas, de todos os organismos intermédios e até das Igrejas. Com os próprios recursos culturais, religiosos, econômicos ou de participação cívica, eles revitalizam e fortalecem o corpo social.[3] Isto é, existe uma colaboração de cima para baixo, do Estado central a favor do povo, e de baixo para cima: das formações do povo para o alto. É precisamente esse o exercício do princípio de subsidiariedade.

Cada um deve ter a possibilidade de assumir sua responsabilidade nos processos de cura da sociedade da qual faz parte. Quando se ativa algum projeto que, direta ou indiretamente, diz respeito a determinados grupos sociais, estes não podem ser excluídos da participação. Por exemplo: "O que você faz? – Vou trabalhar pelos pobres. – Muito bem, o que você faz? – Ensino os pobres, digo aos pobres o que têm de fazer. – Não, isso não está bem; o primeiro passo é deixar que os pobres lhe digam como vivem, do que precisam: devemos deixar que todos falem!". É assim que funciona o princípio da subsidiariedade. Não podemos deixar essas pessoas fora da participação; sua sabedoria, a sabedoria dos grupos mais humildes, não pode ser posta de lado.[4] Infelizmente, essa injustiça ocorre muitas vezes onde se concentram grandes interesses econômicos ou geopolíticos, tais como certas atividades de mineração em determinadas partes do planeta.[5] As vozes dos povos indígenas, suas culturas e visões de mundo não são consideradas. Atualmente, essa falta de respeito pelo princípio de subsidiariedade propagou-se como um vírus. Pensemos nas grandes medidas de ajuda financeira implementadas pelos Estados. Ouvimos mais as grandes empresas financeiras do que as pessoas, ou aqueles que movem a economia real. Ouvimos mais as empresas multinacionais do que os movimentos sociais. Dizendo-o com a linguagem das pessoas comuns: ouvimos mais os poderosos do que os fracos e o caminho não é esse, não é o caminho humano, não é o caminho que Jesus nos ensinou, não é essa a atuação do *princípio de subsidiariedade*. Assim, não permitimos que as pessoas sejam "protagonistas do próprio resgate". No inconsciente coletivo de alguns políticos ou de certos sindicalistas há este lema: tudo para o povo, nada com o povo. De cima para baixo, mas sem ouvir a sabedoria do povo, sem deixar atuar esta sabedoria para resolver problemas, neste caso para sair da crise. Ou pensemos também no modo de curar o vírus: ouvimos mais as grandes empresas farmacêuticas do que os profissionais da saúde, que estão na linha da frente nos hospitais ou nos campos de refugiados. Este não é um bom caminho! Todos devem ser ouvidos, os que estão no alto e quantos estão em baixo, todos.

Para sairmos melhores de uma crise, deve ser implementado o *princípio da subsidiariedade*, respeitando a autonomia e a capacidade de iniciativa de todos, especialmente dos últimos. Todas as partes de um corpo são necessárias e, como diz São Paulo, as partes que podem parecer mais frágeis e menos importantes são, na realidade, as mais necessárias (cf. 1Cor 12,22). À luz dessa imagem, podemos dizer que o princípio da subsidiariedade permite a cada um assumir seu próprio papel no cuidado e destino da sociedade. Sua implementação, sua atuação, a atuação do princípio de subsidiariedade dá *esperança, dá esperança* num futuro mais saudável e justo; e construímos esse futuro juntos, aspirando a realidades maiores, alargando nossos horizontes. Ou juntos, ou não funciona. Ou trabalhamos em conjunto para sair da crise, em todos os âmbitos da sociedade, ou nunca o faremos. Sair da crise não significa dar uma pincelada de verniz nas situações atuais para fazê-las parecer um pouco mais justas. Sair da crise significa mudar, e a mudança real é feita por todos, por todas as pessoas que formam o povo. Por todas as profissões, todos. E todos juntos, todos em comunidade. Se não o fizerem todos, o resultado será negativo!

Numa catequese anterior, vimos que a *solidariedade* é a saída para a crise: ela nos une e nos permite encontrar propostas sólidas para um mundo mais saudável. Mas esse caminho de solidariedade precisa da *subsidiariedade*. Alguém poderia me dizer: "Mas, padre, hoje o senhor fala com palavras difíceis!". É porque procuro explicar o que isso significa. Solidários, pois percorremos o caminho da subsidiariedade. Com efeito, não há verdadeira solidariedade sem participação social, sem a contribuição dos organismos intermédios: famílias, associações, cooperativas, pequenas empresas, expressões da sociedade civil. Todos devem contribuir, todos! Tal participação ajuda a prevenir e a corrigir certos aspectos negativos da globalização e da ação dos Estados, assim como acontece no cuidado das pessoas atingidas pela pandemia. Essas contribuições "a partir de baixo" devem ser encorajadas. Mas como é bom ver o trabalho dos voluntários na crise! Voluntários que vêm de todas as camadas sociais, voluntários que vêm das famílias mais ricas e das famílias mais pobres. Mas todos, todos juntos para sair. Isso é solidariedade e esse é o principio de subsidiariedade.

Durante o *lockdown*, o gesto de aplaudir médicos, enfermeiros e enfermeiras nasceu espontaneamente como sinal de encorajamento e esperança. Muitos arriscaram a vida e tantos deram a vida. Estendamos esse aplauso a todos os membros do corpo social, a todos, a cada um, por sua valiosa contribuição, por menor que seja. "Mas o que poderia fazer aquele dali? – Ouça-o, dê espaço a ele para trabalhar, pergunte a ele." Aplaudamos os "descartados", aqueles que esta cultura qualifica como "descartados", esta cultura do descarte, isto é, aplaudamos os idosos, as crianças, as pessoas com deficiência, aplaudamos os trabalhadores, todos aqueles que se põem ao serviço. Todos colaboram para sair da crise. Mas não nos limitemos apenas aos aplausos! A *esperança* é audaz, por isso encorajemo-nos uns aos outros a sonhar alto. Irmãos e irmãs, aprendamos a sonhar alto! Não tenhamos medo de sonhar alto, procurando os ideais de justiça e amor social que nascem da esperança. Não procuremos reconstruir o passado, o passado é passado; realidades novas nos esperam. O Senhor prometeu: "[Farei] novas todas as coisas". Encorajemo-nos uns aos outros a sonhar alto, buscando esses ideais, não procuremos reconstruir o passado, especialmente o que era iníquo e já doente, e que já mencionei como injustiças. Construamos um futuro em que as dimensões local e global se enriqueçam mutuamente – cada um pode dar sua contribuição, cada um deve dar sua parte, sua cultura, sua filosofia, seu modo de pensar –, em que a beleza e a riqueza dos grupos menores, inclusive dos grupos descartados, possam florescer, pois também nisso há beleza; um futuro no qual aqueles que têm mais se comprometam a servir e a dar mais a quem tem menos.

1 Cf. *Compêndio da Doutrina Social da Igreja*, 186.
2 Cf. carta enc. *Quadragesimo anno*, 79-80.
3 Cf. *Compêndio da Doutrina Social da Igreja*, 185.
4 Cf. ex. ap. pós-sinodal *Querida Amazonia*, 32; *Laudato si'*, 63.
5 Cf. *Querida Amazonia*, 9.14.

9. Preparar o futuro com Jesus, que salva e cura

Pátio São Dâmaso

30 de setembro de 2020*

Queridos irmãos e irmãs, bom dia!

Nas últimas semanas, refletimos juntos, à luz do Evangelho, sobre como curar o mundo que sofre de um mal-estar que a pandemia realçou e acentuou. Já havia o mal-estar: a pandemia o realçou mais, o acentuou. Percorremos os caminhos da *dignidade*, da *solidariedade* e da *subsidiariedade*, caminhos indispensáveis para promover a dignidade humana e o *bem comum*. E, como discípulos de Jesus, começamos a seguir seus passos, *optando pelos pobres, reconsiderando o uso dos bens e cuidando da casa comum*. No meio da pandemia que nos aflige, ancoramo-nos nos princípios da *doutrina social da Igreja*, deixando-nos guiar *pela fé, pela esperança e pela caridade*. Aqui encontramos uma ajuda sólida para sermos agentes de transformação que têm sonhos grandiosos, que não se detêm nas mesquinharias que dividem e magoam, mas encorajam a gerar um mundo novo e melhor.

Gostaria que esse percurso não termine com estas minhas catequeses, mas que possamos continuar a caminhar juntos, "com os olhos fixos em Jesus" (Hb 12,2), como ouvimos no início; nosso olhar em Jesus que salva e cura o mundo. Como o Evangelho nos mostra, Jesus curou os doentes de todos os tipos (cf. Mt 9,35), restituiu a vista aos cegos, a palavra aos mudos e audição aos surdos. E quando curava doenças e enfermidades físicas, também curava o espírito, perdoando pecados, porque Jesus perdoa sempre, bem como as "dores sociais", incluindo os marginalizados.[1] Jesus, que renova e reconcilia cada criatura (cf. 2Cor 5,17; Cl 1,19-20), concede-nos os dons necessários para amar e curar como ele sabia fazer (cf. Lc 10,1-9; Jo 15,9-17), para cuidar de todos, sem distinção de raça, língua ou nação.

Para que isso aconteça realmente, precisamos contemplar e apreciar a beleza de cada ser humano e de cada criatura. Fomos concebidos no coração de Deus (cf. Ef 1,3-5). "Cada um de nós é o fruto de um pensamento de Deus. Cada um de nós é querido, cada um de nós é amado, cada um é necessário."[2] Além disso, cada criatura tem algo a nos dizer sobre Deus Criador.[3] Reconhecer essa verdade e dar graças pelos vínculos íntimos de nossa comunhão universal com todas as

* Disponível em: <http://www.vatican.va/content/francesco/pt/audiences/2020/documents/papa-francesco_20200930_udienza-generale.html>.

pessoas e todas as criaturas ativa "um cuidado generoso e cheio de ternura".[4] Ajuda-nos também a reconhecer Cristo presente em nossos irmãos e irmãs pobres e sofredores, a encontrá-los e a ouvir seu clamor e o clamor da terra que lhes faz eco.[5]

Mobilizados interiormente por esses clamores que reclamam de nós outra linha de ação,[6] reclamam uma mudança, poderemos contribuir para a cura das relações com nossos dons e capacidades.[7] Poderemos regenerar a sociedade e não voltar à chamada "normalidade", que é uma normalidade doentia, aliás, estava doente já antes da pandemia: a pandemia a realçou! "Agora voltemos à normalidade": não, assim não pode ser, porque essa normalidade estava doente de injustiças, desigualdades e degradação ambiental. A normalidade a que somos chamados é a do Reino de Deus, onde "cegos recobram a vista, paralíticos andam, leprosos são purificados, surdos ouvem, mortos ressuscitam e aos pobres é anunciado o Evangelho" (Mt 11,5). E ninguém se faz de bobo, olhando para o outro lado. É isso que temos de fazer para mudar. Na normalidade do Reino de Deus, o pão chega a todos e sobra; a organização social se baseia em contribuir, partilhar e distribuir, não em possuir, excluir e acumular (cf. Mt 14,13-21). O gesto que faz progredir uma sociedade, uma família, um bairro, uma cidade, todos, é doar-se, dar, que não é dar esmola, mas uma dádiva que vem do coração. Um gesto que afasta o egoísmo e a ansiedade de possuir. Mas o modo cristão de fazê-lo não é um modo mecânico: é um modo humano. Nunca conseguiremos sair da crise que emergiu da pandemia, mecanicamente, com novos instrumentos – que são muito importantes, que nos fazem ir em frente e dos quais não devemos ter medo –, mas sabendo que os meios mais sofisticados poderão fazer muitas coisas, mas uma coisa eles nunca poderão fazer: a ternura. E a ternura é o próprio sinal da presença de Jesus. Trata-se de aproximar-se do outro para caminhar, para curar, para ajudar, para se sacrificar pelo outro.

Assim, a normalidade do Reino de Deus é importante: que o pão chegue a todos, a organização social se baseie em contribuir, partilhar e distribuir, com ternura, e não em possuir, excluir e acumular. Pois no final da existência, nada levaremos para a outra vida!

Um pequeno *vírus* continua a causar feridas profundas e a expor nossas vulnerabilidades físicas, sociais e espirituais. Despiu a grande desigualdade que reina no mundo: desigualdade de oportunidades, de bens, de acesso aos cuidados médicos, à tecnologia, à educação: milhões de crianças não podem ir à escola, e assim por diante. Essas injustiças não são naturais, nem inevitáveis. São obra do homem, vêm de um modelo de crescimento separado dos valores mais profundos. O desperdício das sobras de refeições: com esse desperdício, pode-se dar de comer a todos. E isso fez com que muitas pessoas perdessem a esperança e aumentou a incerteza e a angústia. É por isso que, para sair da pandemia, temos de encontrar a cura não só para o *coronavírus* – que é importante! –, mas também para os grandes *vírus* humanos e socioeconômicos. Não devemos escondê-los, dando uma pincelada para que não possam ser vistos. E certamente não podemos esperar que o modelo econômico subjacente ao desenvolvimento injusto e insustentável resolva nossos problemas. Não o fez nem o fará, pois não pode fazê-lo, apesar de alguns falsos profetas continuarem a prometer "o efeito dominó" que nunca chega.[8] Vocês ouviram o teorema do copo: o importante é que o copo se encha e, assim, depois cai sobre os pobres e sobre os demais, e recebem riquezas. Mas há um fenômeno: o copo começa a encher e, quando está quase cheio, cresce, cresce e cresce, mas nunca acontece o efeito dominó. Deve-se ter cuidado.

Precisamos trabalhar urgentemente para gerar boas políticas, para conceber sistemas de organização social que recompensem a participação, o cuidado e a generosidade, e não a indiferença, a exploração e os interesses particulares. Devemos ir em frente com ternura. Uma sociedade solidária e equitativa é uma sociedade mais saudável. Uma sociedade participativa – na qual os "últimos" são considerados os "primeiros" – fortalece a comunhão. Uma sociedade em que a diversidade é respeitada é muito mais resistente a qualquer tipo de vírus.

Coloquemos esse caminho de cura sob a proteção da Virgem Maria, Nossa Senhora da Saúde. Ela, que carregou Jesus em seu ventre, nos ajude a ter confiança. Animados pelo Espírito Santo, poderemos trabalhar juntos para o Reino de Deus que Cristo inaugurou, vindo até nós, neste mundo. É um Reino de luz no meio da escuridão, de justiça no meio de tantos ultrajes, de alegria no meio de tanta dor, de cura e salvação no meio da doença e da morte, de ternura no meio do ódio. Que Deus nos conceda "viralizar" o *amor* e globalizar *a esperança* à luz da *fé*.

[1] Cf. *Catecismo da Igreja Católica*, 1421.

[2] Bento XVI, *Homilia para o Início do Ministério Petrino*, 24 de abril de 2005; cf. *Laudato si'*, 65.

[3] Cf. *Laudato si'*, 69.239.

[4] *Ibidem*, 220.

[5] Cf. *ibidem*, 49.

[6] Cf. *ibidem*, 53.

[7] Cf. *ibidem*, 19.

[8] "*Trickle-down effect*" em inglês, "*derrame*" em espanhol (cf. *Evangelii gaudium*, 54).

Fratelli tutti

Carta Encíclica sobre a fraternidade e a amizade social

3 de outubro de 2020*

A Carta Encíclica *Fratelli tutti* é uma síntese e um compêndio do ensinamento do Papa Francisco, e, portanto, se apresenta, em sua totalidade, como uma análise e uma proposta para um novo mundo. No entanto, para os fins desta coletânea, se propõem alguns pontos que sinalizam diretamente a relação e a interação que a crise sanitária gerou no Ensinamento do Santo Padre.

7. Além disso, enquanto redigia esta Carta, irrompeu de forma inesperada a pandemia da Covid-19, que deixou a descoberto nossas falsas seguranças. Apesar das várias respostas que deram os diferentes países, ficou evidente a incapacidade de agir em conjunto. Embora estejamos superconectados, verificou-se uma fragmentação que tornou mais difícil resolver os problemas que nos afetam a todos. Se alguém pensa que se trata apenas de fazer funcionar melhor o que já fazíamos, ou que a única lição a aprender é que devemos melhorar os sistemas e regras já existentes, está negando a realidade.

32. É verdade que uma tragédia global como a pandemia da Covid-19 despertou, por algum tempo, a consciência de sermos uma comunidade mundial que viaja no mesmo barco, em que o mal de um prejudica a todos. Recordamo-nos de que ninguém se salva sozinho, de que só é possível salvar-nos juntos. Por isso, "a tempestade – dizia eu – desmascara nossa vulnerabilidade e deixa a descoberto as falsas e supérfluas seguranças com que construímos nossos programas, nossos projetos, nossos hábitos e prioridades. [...] Com a tempestade, caiu o disfarce dos estereótipos com que mascaramos nosso 'eu' sempre preocupado com a própria imagem; e ficou evidente, uma vez mais, esta (abençoada) pertença comum, à qual não podemos nos subtrair: a pertença como irmãos".[1]

33. O mundo avançava implacavelmente para uma economia que, utilizando os progressos tecnológicos, procurava reduzir os "custos humanos"; e alguns pretendiam fazer-nos crer que

* FRANCISCO. Carta Encíclica *Fratelli Tutti* sobre a fraternidade e a amizade social (Documentos Pontifícios, 44). Brasília: Edições CNBB, 2020.

era suficiente a liberdade de mercado para garantir tudo. Mas o golpe duro e inesperado desta pandemia fora de controle obrigou, por força, a pensar nos seres humanos, em todos, mais do que nos benefícios de alguns. Hoje, podemos reconhecer que "alimentamo-nos com sonhos de esplendor e grandeza, e acabamos por comer distração, fechamento e solidão; empanturramo-nos de conexões e perdemos o gosto da fraternidade. Buscamos o resultado rápido e seguro, e nos encontramos oprimidos pela impaciência e a ansiedade. Prisioneiros da virtualidade, perdemos o gosto e o sabor da realidade".[2] A tribulação, a incerteza, o medo e a consciência dos próprios limites, que a pandemia despertou, fazem ressoar o apelo a repensar nossos estilos de vida, nossas relações, a organização de nossas sociedades e, sobretudo, o sentido de nossa existência

34. Se tudo está interligado, é difícil pensar que esse desastre mundial não tenha a ver com nossa maneira de encarar a realidade, segundo a qual pretendemos ser senhores absolutos da própria vida e de tudo o que existe. Não quero dizer que se trate de uma espécie de castigo divino. Nem se poderia afirmar que o dano causado à natureza é a cobrança por nossos abusos. É a própria realidade que geme e se rebela... Vem à mente o conhecido verso do poeta Virgílio evocando as lágrimas das coisas, das vicissitudes, da história.[3]

35. Contudo, rapidamente esquecemos as lições da história, "mestra da vida".[4] Passada a crise sanitária, a pior reação seria cair ainda mais em um consumismo febril e em novas formas de autoproteção egoísta. No fim, oxalá, já não existam "os outros", mas apenas um "nós". Oxalá não seja mais um grave episódio da história cuja lição não fomos capazes de aprender. Oxalá não nos esqueçamos dos idosos que morreram por falta de respiradores, em parte como resultado de sistemas de saúde que foram sendo desmantelados ano após ano. Oxalá não seja inútil tanto sofrimento, mas tenhamos dado um salto para uma nova forma de viver e descubramos, enfim, que precisamos e somos devedores uns dos outros, para que a humanidade renasça com todos os rostos, todas as mãos e todas as vozes, livre das fronteiras que criamos.

36. Se não conseguirmos recuperar a paixão compartilhada por uma comunidade de pertença e solidariedade, à qual saibamos destinar tempo, esforço e bens, desabará ruinosamente a ilusão global que nos engana e deixará muitos à mercê da angústia e do vazio. Além disso, não se deveria ignorar, ingenuamente, que "a obsessão por um estilo de vida consumista, sobretudo quando poucos têm possibilidades de mantê-lo, só poderá provocar violência e destruição recíproca" (*Laudato si'*, n. 204). O princípio do "salve-se quem puder" se traduzirá rapidamente no lema "todos contra todos", e isso será pior que uma pandemia.

54. Apesar dessas sombras densas que não se devem ignorar, nas próximas páginas, desejo dar voz a diversos caminhos de esperança. Com efeito, Deus continua a espalhar sementes de bem na humanidade. A recente pandemia permitiu-nos recuperar e valorizar tantos companheiros e companheiras de viagem que, no medo, reagiram dando a própria vida. Fomos capazes de reconhecer como nossas vidas são tecidas e sustentadas por pessoas comuns que, sem dúvida, escreveram os acontecimentos decisivos de nossa história compartilhada: médicos, enfermeiros e enfermeiras, farmacêuticos, empregados dos supermercados, pessoal de limpeza, cuidadores, transportadores, homens e mulheres que trabalham para fornecer serviços essenciais e de segurança, voluntários, sacerdotes, religiosas... compreenderam que ninguém se salva sozinho.[5]

168. [...] A fragilidade dos sistemas mundiais perante a pandemia evidenciou que nem tudo se resolve com a liberdade de mercado e que, além de reabilitar uma política saudável que não esteja sujeita aos ditames das finanças, "devemos voltar a pôr a dignidade humana no centro, e sobre aquele pilar devem ser construídas as estruturas sociais alternativas das quais precisamos".[6]

---

[1]   *Homilia durante o Momento extraordinário de oração em tempos de epidemia*, 27 de março de 2020.

[2]   FRANCISCO. *Homilia durante a Santa Missa* (Skopje – Macedônia do Norte, 7 de maio de 2019): *L'Osservatore Romano* (ed. semanal portuguesa de 14/5/2019), 11.

[3]   Cf. *Eneida* I, 462: "*Sunt lacrimae rerum et mentem mortalia tangunt* – são lágrimas das coisas, as peripécias dos mortais confrangem a alma".

[4]   "*Historia* (...) *magistra vitae*" (Cícero, *De Oratore*, 2, 36).

[5]   Cf. *Homilia durante o Momento extraordinário de oração em tempos de epidemia*, 27 de março de 2020; *Mensagem para o 4º Dia Mundial dos Pobres*, 13 de junho de 2020, 6.

[6]   *Discurso aos participantes do Encontro mundial dos Movimentos Populares*, 28 de outubro de 2014.

De recordações se vive

De recordações se vive

Recordar é reviver.

A recordação refere-se a um fato passado;

a memória o recolhe, a história o registra, a tradição o preserva.

Creio que este seja o significado deste "álbum de recordações".

Recordações de momentos intensos que todos nós vivemos junto com o Papa Francisco. Folhear estas páginas é olhar para trás, recordar.

Não apenas porque precisamos manter uma consciência histórica de eventos que nunca pensamos que vivenciaríamos, mas porque aprendemos a enfrentar e a aceitar o sofrimento em nossas vidas.

Esses acontecimentos nos ensinaram que ninguém sofre sozinho.

Ninguém sofre inutilmente.

A poderosa imagem do Papa Francisco, sob a chuva, abraçando o Crucifixo de São Marcelo al Corso, nos lembra que os que sofrem, sofrem com Cristo.

A Cruz é o sinal do cristão.

É o ponto alto da grandeza cristã.

Naquela noite, como na noite da Sexta-feira Santa, experimentamos que o sofrimento torna bons os homens irmãos, e onde há sofrimento, nosso coração não pode estar ausente. Quem acredita em Deus está próximo dos que sofrem.

Entre as grandes maravilhas de nossa fé cristã, encontra-se também a de ter nos ensinado a sofrer pacientemente e a descobrir tesouros de humanidade e de graça na dor e na desventura:

Se nenhum homem é uma ilha; se somos *Fratelli tutti* (todos irmãos) unidos na solidariedade natural que vem da pertença comum à raça humana; se sobretudo nós, seguidores de Cristo, estamos unidos no vínculo da caridade, não podemos deixar de sofrer com o sofrimento dos outros.

As palavras do Papa Francisco também convidam à esperança.

A esperança não é um sonho, mas uma forma de traduzir sonhos em realidade.

O melhor só pode ser alcançado com muita dor.

O sofrer passa; ter sofrido permanece.

Do sofrimento, nascerá um novo amanhecer.

E voltaremos a desfrutar da vida!

Leonardo Sapienza

Sofreu por aceitar em seus braços aqueles que ninguém queria, mas amou-os tanto que se tornou a Santa Dulce dos Pobres.

Gizele Barbosa

Sempre gostei de contar histórias com a escrita, escrevo melhor do que falo. As palavras que tenho são frutos do olhar sensível que cultivo desde criança, graças aos meus pais, lá em Manaus, onde nasci. Com eles aprendi a arte de caminhar e recolher histórias; e, depois de grande, no meio do caminho, encontrei a vida de Ir. Dulce, que agora você tem em mãos, contada por mim.

Que essas palavras ganhem o mundo e os corações. Que a vida de Ir. Dulce seja contada em todas as casas e se espalhe. É o meu desejo.

Minha gratidão, por esse presente, a Deus, às minhas Irmãs Paulinas, à Santa Dulce, à minha família, aos meus sobrinhos e aos meus amigos e amigas, que me fazem feliz apenas por existirem e em compartilhar comigo suas histórias.

Boa leitura!

Oração a Maria

Ó Maria,
Tu sempre brilhas em nosso caminho
como um sinal de salvação e esperança.
Confiamos em ti, Saúde dos enfermos,
Que, junto da cruz, foste associada à dor de Jesus,
mantendo firme a tua fé.

Tu, Salvação do povo romano,
sabes do que precisamos
e temos a certeza de que providenciarás
para que, como em Caná da Galileia,
voltem a alegria e a festa depois desta provação.

Ajuda-nos, Mãe do Divino Amor,
a conformar-nos com a vontade do Pai
 e a fazer o que Jesus nos disser,
Ele que assumiu sobre si nosso sofrimento
e carregou nossas dores,
para nos guiar através da cruz,
rumo à alegria da ressurreição. Amém!

Sob a tua proteção procuramos amparo, Santa Mãe de Deus.
Não desprezes as nossas súplicas, nós que estamos na provação,
e livrai-nos de todos os perigos, ó Virgem gloriosa e bendita!

* http://www.vatican.va/content/francesco/pt/messages/pont-messages/2020/documents/papa-francesco_20200311_videomessaggio-madonna-divinoamore.html

Ícone de Maria *Salus Populi Romani*
Basílica Papal de Santa Maria Maior

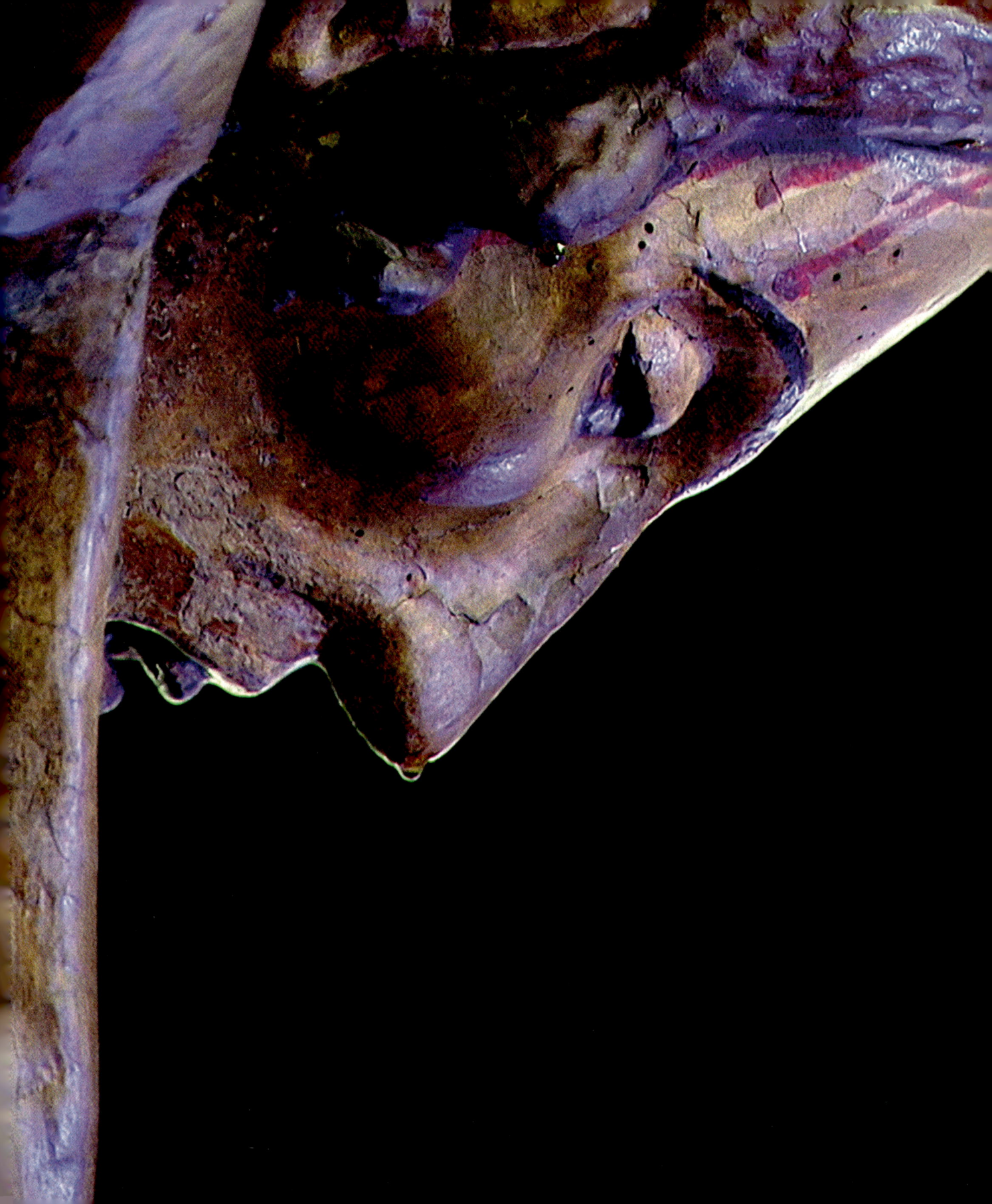

" perché avete paura...
... non avete ancora fede "? (Mc. 4, 35-41)

Signore, benedici il mondo...
Francesco

«¿Por qué tenéis miedo? …
… ¿Aún no tenéis fe?» (*Mc* 4,35-41)

Señor, bendice al mundo…

Francisco

Momento extraordinário de oração em tempo de pandemia

http://www.vatican.va/content/francesco/pt/messages/urbi/documents/papa-francesco_20200327_urbi-et-orbi-epidemia.html

Sumário

Título: *Por que sois tão medrosos? Ainda não tendes fé?*
Título Original: *Perchè avete paura? Non avete ancora fede?*

© Copyright 2021 - Libreria Editrice Vaticana
00120 Città del Vaticano
Tel (+39) 06.698.45780
E-mail: commerciale.lev@spc.va
www.libreriaeditricevaticana.va
www.vatican.va

Foto: © Vatican Media | Servizio Fotografico Vaticano

Adaptação ao português do Brasil: Tiago José Risi Leme

ISBN 978-65-5975-001-6 (CNBB)
ISBN 978-65-86085-13-6 (Fons Sapientiae)
ISBN 978-65-5808-048-0 (Paulinas)
ISBN 978-65-5562-203-4 (Paulus)

Projeto gráfico e diagramação
Marcello Palminteri

Concepção de capa
Annalaura di Luggo